저소득, 다문화, 장애 가족을 중심으로 한

부모참여와 교육

– 부모참여를 통한 교사와 부모의 협력 –

Anthony Feiler 저 · 이미숙 역

Engaging 'Hard to Reach' Parents

학지사

역자 서문

교사와 부모의 협력은 교육 현장에서 언제나 중요한 화두가 되어 왔다. 교사와 부모의 협력이 학생의 학습 향상에 도움이 되는 것으로 알려져 왔음에도 실제로는 잘 이루어지지 않고 있다. 게다가 때때로 교사는 부모를 만나는 것을 두려워하기도 하고, 부모는 교사를 만나는 것을 두려워하기도 한다. 왜 교사와 부모는 서로에게 두려움의 대상이 된 것일까. 이러한 의문을 가지고 있던 나에게 때마침 이 책은 교사와 부모의 협력이 왜 중요하며, 이들의 협력을 위해 무엇이 이루어져야 하는지, 그리고 무엇을 할 수 있는지를 알려 주었다. 특히 학교 활동에 적극적으로 참여하는 부모가 아닌, 때로는 교사의 관심영역에서 벗어나 있는 부모, 교사가 다가가려고 해도 잘 다가오지 않는 부모에게 초점을 맞추고 있다. 이 책은 적극적으로 학교 활동에 참여하고 교사와 협력관계를 형성해 나가는 부모가 아닌, 때로는 소외되기도 하고 배제되기도 하는 부모에게 관심을 가질 것을 요구한다. 예를 들면, 저소득, 다문화, 장애 가족의 부모에게 관심을 가지는 것과 이들과의 협력을 강조한다. 그리고 이 책은 교사가 부모에게 접근하는 것을 어려워할 때, 이것은 부모의 문제가 아니며, 접근하기 쉬운 부모가 될 수 있도록 체계를 바꾸고 프로그램을 수행하는 노력을 통해 극복할 수 있다고 강조한다. 그리고 또 하나, 이 책은 단지 교사와 부모의 협력에 머무르기를 원하지 않으며, 학생의 발달과 학습 향상을 위해서는 학교와 모든 가족구성원의 협력이 중요함을 상기해 준다. 그래서 이제는 단순히 교사와 부모의 협력이 아닌 학교와 가족의 협력으로 확대되어 가야 할 것이다. 이 책은 이러한 목적을 가지고 수행된 영국의 다양한 프로젝트를 소개하고 있다. 여기에 소개된 다양한 프로젝트를 통해 부모참여를 위한 교사와 부모의 노력이 어떻게 구체화될 수 있는지를 살펴볼 수 있을 것이다.

2014년 3월
역자 이미숙

이 책은 학교에 참여하는 데 어려움이 있는 부모를 위해 교사가 어떻게 접근할 것인가에 초점을 맞추며, 이러한 교사와 부모의 협력이 아동과 청소년의 발달을 가져올 수 있다는 데 중점을 둔다. 비록 이 책이 교사와 부모의 관계에 강조점을 두고 있지만, 대부분의 내용은 가족, 아동, 청소년과 함께 일하는 다른 전문가와도 관련된다.

이 책에서 사용하고 있는 '부모'라는 용어는 생물학적 부모뿐만 아니라 아동과 청소년의 양육을 책임지고 있는 보호자를 모두 포함한다.

이 책에서 다루는 일부 내용은 Wiley & Sons, Ltd.에서 출판된 K. Pomerantz, M. Hughes와 D. Thompson(2008)의 *How to Reach 'Hard to Reach' Children: Improving Access, Participation and Outcomes*라는 최근 저서를 보완한 것이다.

감사의 글

이 책의 곳곳에는 2001~2005년까지 영국 브리스틀 대학에서 ESRC의 지원을 받으며 수행되었던 대규모 연구인 가정-학교 지식 교환 프로젝트(Home-School Knowledge Exchange: HSKE) 동안 이루어진 저자의 다양한 경험을 소개하고 있다. HSKE 팀의 Martin Hughes 교수(팀장), Jane Andrews 박사, Pamela Greenhough 박사, Leida Salway, David Johnson 박사, Vicky Stinchcombe, Jan Winter, Andrew Pollard 교수, Marilyn Osborn 교수, Wan Ching Yee, 그리고 Mary Scanlan 박사에게 진심으로 감사의 마음을 전한다. 또한 이 책에는 저자가 공동연구자로 참여하였던 South West Autism Project에 대해서도 소개하고 있는데, 이 연구의 책임자이며, 이 책의 구성과 내용에 대해 아낌없는 조언을 해 준 Alec Webster 교수, 그리고 Valerie Webster에게 감사를 전한다.

chapter

01

서 론

이 책은 교육 현장에서 피할 수 없는 문제 중의 하나를 다루고 있다. 그것은 바로 학교와 교사가 직면하는 문제로, 자녀의 학교에 참여하는 것에 어려움을 느끼고 있는 학부모와의 관계를 형성하는 방법에 관한 것이다. 비록 이것은 의심할 여지도 없이 어려운 과제지만, 학생의 발달과 학습을 지원하기 위해서는 반드시 필요한 일이다. 현재 학교에서 채택하고 있는 부모와의 상호협력을 강화하기 위한 접근법이 보다 효과적으로 이루어지고 있다는 상당히 고무적인 연구결과가 있다. 최근 교육표준국(Office for Standards in Education)에서 실시한 조사에 의하면 부모나 보호자의 참여 정도로 학교의 가치를 평가하고 있으며, 다수의 학교가 부모참여율이 높거나 양호한 등급을 받은 것으로 나타났다(Office for Standards in Education, 2007). 더 나아가, '교육 참여에 대한 부모 인식조사'에서는 부모들의 관점이 상당히 긍정적이었으며, 부모참여에 대한 인식 수준이 최근 들어 증가하고 있음을 보여 주었다. Peters 등(2008)은 전화 설문조사 결과를 통해, 부모가 자녀의 학교생활에 매우 밀접히 관련되어 있다고 느끼는 비율이 2001년에 29%, 2004년에 38%, 2007년에는 51%로, 지난 몇 년 동안 눈에 띄게 증가했다고 하였다. 또한, 많은 부모가 자녀의 교육에 대한 참여를 부모의 기본적인 책임으로 생각하고 있는 것으로 나타났다. 이러한 결과는 이전에는 자녀의 교육을 학교의 전적인 책임으로 부여했던 부모의 태도가 변화하고 있음을 보여 준다.

대체로 부모가 이전보다 자녀의 학교생활에 더 많이 참여하고 있다고 느끼는 고무적인 상황이지만, 많은 학교는 부모와 효율적인 관계를 수립하려고 시도할 때 더욱 심화되고 복잡한 문제에 직면하게 된다. Carvalho(2001)는 학교와 부모의 관계는 종종 본질적으로 긴장(tensions), 상호 의심(suspicion), 그리고 적대감(hostility)으로 특징지어진다고 하였다. 이러한 관점은 Jackson과 Remillard(2005)의 연구에서도 나타나는데, 특히 저소득층 부모를 바라볼 때는, 학교는 부모를 지원의 근원으로 바라보기보다는 '극복해야 할 문제'나 '아동에 대한 결손(deficits)'의 관점에서 바라본다는 것이다. 이처럼 다양한 이유로 말미암아 오늘날 학교에서 교사가 직면하는 가장 큰 문제 중의 하나는 학교에 참여하는 데 어려움을 가지는 부모, 그리고 접근하기 까다로운 부모와 관계를 맺는 것이라고 할 수 있다.

그동안 학교와 전문가들은 부모와의 생산적인 관계에 대한 중요성을 오랫동안 인식하여 왔다. 전통적으로 '부모참여'라고 불리는 이 영역을 영국의 『아동 및 초등학교 플라우덴 보고서(*Plowden report Children and Their Primary Schools*)』(Department for Education and Science, 1967)에서는 교육자를 위한 중요한 문제로 바라보았으며, 이는 우선적인 교육 정책으로 대두되었다. 플라우덴 보고서는 초등학교 교육에 대한 주요 사항으로 구성되어 있는데, 이것은 교육실천의 중심에 아동을 두고 부모가 아동의 학습을 지원해 주는 핵심 역할을 담당해야 함을 강조한다. 어떻게 보면 이 보고서의 내용이 지금은 약간 진부하게 들릴 수도 있다. 예를 들면, 이 보고서의 4장에 있는 '부모에 의한 참여'에서는 부모들은 적어도 매일매일 가정으로 직접 우유를 가져다주는 우유배달원에 대해 알고 있는 것만큼만이라도 자녀의 교사에 대해 알고 있어야 한다고 제안한다. 그러나 이 보고서의 작성된 시기가 반세기 전임에도, 이러한 비유는 분명히 선견지명이 있는 것처럼 보인다. 예를 들면, 이 보고서에서는 아동, 부모, 지역사회 구성원에게 방과 후 학교 서비스(after-school services)를 제공하는 '지역사회 학교(community schools)'의 발달을 강조하였다. 또한, 특정한 부모를 학교에 참여시키기 위해서는 학교의 융통성과 의지가 필요하다고 하였다. 이러한 관점은 현재에도 강조되는 주제와 유사한데, 학교에서 아무리 많은 압력을 가하더라도 어떤 부모들은 전혀 반응을 보이지 않지만, 그들의 자녀 중에는 도움이 필요한 경우가 있다는 것이다. 이것을 어떻게 해결해야 할까? 이러한 부모에 대해 아무것도 하지 않는 것은 바로 자포자기의 정책이 될 수 있다 (Department for Education and Science, 1967, section 113).

플라우덴 보고서가 나온 지 10년이 지난 후, 또 하나의 중요한 정부 간행물이 출판되었는데, 이것은 바로 『장애아동 및 청소년 교육조사위원회 보고서(*The report of the Committee of Enquiry into the Education of Handicapped Children and Young People*)』로, 우리에게는 『워낙 보고서(*Warnock Report*)』로 잘 알려져 있다(Her Majesty's Stationery Office, 1978). 이것은 이후에 영국 교육 정책의 이정표로 간주되었고, 교육적인 문제가 있는 아동을 위해 서비스를 제공하는 내용을 포함하며, 장애아동과 가족에 대하여 현대적

인 관점과 태도를 나타내었다. 워낙 보고서의 전체적인 내용은 전
문가와 부모 간의 동반자적 관계를 형성하기 위한 부모의 참여를
강조하고 있다. "……특수아동에 대한 성공적인 교육은 전적으로
부모의 참여에 달려 있다. 사실, 교육과정에서 부모를 동등한 동반
자로서 바라보지 않는다면, 우리 보고서의 목적은 실패할 것이다."
(Her Majesty's Stationery Office, 1978, p. 150)

 워낙 보고서가 출판된 지 20년이 채 되지 않았지만, 영국 교육에
서의 부모참여는 모든 아동(단지 특수아동뿐만 아니라)을 위한 효과적
인 교육의 핵심 요소로 인식되었으며, 정부의 관심도 증가하였다.
이에 따라 정부는 '아동교육을 위한 부모참여(Parental Involvement
in Children's Education: PICE)' 기관에 재정적 지원을 제공하였고, 이
기관은 영향력 있는 수많은 연구 자료와 조사 자료를 출판하였으며,
그중에는 『부모의 참여, 성취의 증가(*Involving Parents, Raising
Achievement*)』(Bastiani & White, 2003)가 있다. 정치인들도 교육에서
의 부모의 기여에 대해 점점 더 관심을 가지게 되었는데, 2000년에
노동당 회의의 연설에서 David Blunkett(이후 교육부 장관이 됨)은
"교육은 부모가 결정적인 역할을 하는 동반자 관계다. 우리는 과거
에 비해 보다 많은 부모가 자녀의 교육에 참여하기를 바란다. 자녀
도 부모의 참여를 필요로 한다. 부모의 참여를 통해 우리는 엄청난
차이를 만들어 낼 수 있다."고 언급하였다. 이러한 David Blunkett
의 연설은 이제 교육에서 부모의 참여가 정부가 고려하는 우선순
위가 되었으며, 국제적으로 인식하는 핵심적인 이슈 중의 하나임
을 보여 주고 있다. David Blunkett이 언급한 '엄청난 차이'란

자녀의 학업 성취도를 향상시키기 위한 부모의 잠재력을 의미하는 것으로, 이것은 최근 수년간 교육 정책의 중요한 주제가 되어 왔다.

교육에서의 부모참여

영국에서는 1990년대에 국가 교육과정(National Curriculum)이 도입된 이후로, 학교에서는 학생들의 학업 성취를 향상시키기 위해 교육과정과 교수법을 매우 강조하였다. 그러나 연구자들과 정책입안자들은 학생의 학업 성취 향상에 기여하는 요인을 학교 외부에서 찾기 시작하였고, 학생들이 학교생활을 더 잘 수행하기 위해서는 가정에서 부모와 다른 가족구성원에 의해 제공되는 지원이 결정적인 역할을 한다는 사실을 인식하게 되었다. 학교에서 학생의 학습과 발달을 향상시키기 위해서 부모와 관계를 맺어야 한다는 것은 영국 교육 정책의 주된 관심사가 되었으며, 이러한 정부의 부모참여에 대한 신념은 스탠더드 사이트(Standards Site)의 웹 사이트에 잘 나타나 있다. 이 사이트에서는 학생이 그의 부모가 교육에 대해 열성적이라는 것을 알고 있을 때, 학업에 더 잘 참여할 수 있으며, 학교를 보다 긍정적으로 바라본다고 하였다. 또한 이 사이트는 부모의 참여가 '학생에게 훌륭한 교육을 제공하는 가장 필수적인 부분 중의 하나'라는 사실을 제시하고 있다(www. standards.dfes.gov.uk/parentalinvolvement).

바람직한 양육이 아동발달에 필수적이라는 영국 정부의 견해는
『모든 아동 문제(*Every Child Matters*)』(Department for Education
and Skills, 2003c)에서도 분명히 나타난다. 이 출판물에서 정부는 부
모와 자녀 간의 관계가 자녀의 발달에 직접적인 영향을 준다는 것
에 대해 인식하고 있다. 또한, 이 출판물에서는 "자녀와 부모 간의
유대가 자녀의 삶에 가장 결정적인 영향을 미친다. 양육은 자녀의
교육적 발달, 행동과 정신건강에 큰 영향력을 가진다."(Department
for Education and Skills, 2003c, p. 39)라고 언급하였다.

이러한 관점은 Lochrie(2004)의 가정학습에 대한 보고서에서도
잘 나타난다. Lochrie는 교육에서 아동의 부모나 다른 가족구성원
이 아동에게 미친 역할과 영향에 대하여 너무 오랫동안 무시해 왔
다고 주장하였다. 그녀는 아동의 학습과 발달을 돕기 위한 가장
효과적인 방법은 부모와의 지속적이면서 서로 존중하는 의견교환
에 있다고 제안하였다. 아동을 지원하기 위해서는 전문가가 부모
를 참여시켜야 한다는 Lochrie의 연구는 영국 정부의 정책에도 제
시되어 있다. 영국 정부의 정책에서는, 부모를 지원하는 것이 아
동의 학습과 발달을 위한 수단이 된다고 하였고, 부모참여는 정책
과 실천의 필수 사항이며, 아동의 삶을 향상시키기 위한 접근법의
핵심으로 부모나 양육자를 지원하는 것이 중요하다고 선언하였다
(Department for Education and Skills, 2003c).

부모지원에 대한 영국 정부의 계획은 『모든 아동 문제』에서 시
작되었는데, 이는 모든 가정을 위한 보편적인 서비스에서부터 특
별한 서비스가 필요한 가정에 대한 전문가 지원에 이르기까지 그

범위가 다양하다. 『모든 아동 문제』는 다음과 같은 내용을 포함하고 있다.

- 가정학습 프로그램과 같은 보편적인 서비스의 확대: 정부의 『가정에서의 문해, 언어와 수학: 확대된 학교를 위한 지침(*Family Literacy, Language and Numeracy: A Guide for Extended Schools*)』이 여기에 해당되며, 이러한 자료는 정부의 티처넷(Teachernet) 웹 사이트에서 다운로드 받을 수 있다(www.teachernet.gov.uk). 이러한 자료의 목적은 아동의 발달에 부모가 참여하도록 도움을 주고, 학습활동에 가족참여를 증가시킬 수 있는 기회를 제공하는 것이다. 부모교육 프로그램의 전체 내용에 대해 알고 싶다면, Nicola McGrath의 '비참여적인 부모를 위한 양육기술 프로그램 참여'(Pomerantz et al., 2007)를 참조하기 바란다.
- 전문가의 양육 지원 제공: 영국 정부는 모든 부모에게 서비스를 제공하는 것과 함께, 특정 집단을 위한 맞춤 지원이 필요함을 인식하였다. 예를 들면, 영유아를 둔 가정에 가정방문 프로그램을 실시하는 것이 이에 해당된다.
- 부모와 학교 간의 원활한 의사소통 확립: 아동의 가족(특히 아버지)이 부모회나 학교운영위원회를 통해 학교행사에 참여하도록 보다 많은 기회를 제공해야 한다.
- 부모교육 프로그램 개발: 5~8세 사이의 유아를 둔 부모를 대상으로 자녀의 행동관리기술에 대한 훈련을 매주 운영한다.

잉글랜드 지역에서는 『모든 아동 문제』를 통해 교육에서 부모 참여의 필요성을 강조하며 웨일스 의회와 스코틀랜드 정부가 이 정책에 관심을 가지도록 하였다. 잉글랜드에서 채택된 아동 교육에 대한 핵심 원칙들이 이 지역의 정책에서도 유사하게 나타나고 있는 것이 이를 대변해 준다. 웨일스 의회(2000)의 『아동과 청소년: 협력을 위한 체계(*Children and Young People: A Framework for Partnership*)』에서는 부모 역할의 중요성을 제시하였다. 이것은 잉글랜드의 정책에서처럼 모든 부모는 자녀를 양육하는 데서 오는 어려움에 대해 도움을 필요로 하는데, "……취약점이 되는 가장 불우한 지역에 대한 공식적 · 비공식적 지원 체계는 이후 그들의 삶에서 발생할 수 있는 불이익을 감소시켜 주는 효과가 있다."(Welsh Assembly, 2004, p. 33)고 하였다. 게다가, 2001~2010 웨일스 의회는 『학습하는 국가(*The Learning Country*)』(National Assembly for Wales, 2001)를 만드는 데에 착수하였고, 이는 『모든 아동 문제』에서 공감한 가족지원에 강조를 두고 있다. 『학습하는 국가』에서는 "우리는 모든 아동이 순조롭게 출발하는 데 목적을 두고 있다. 우리는 초기에 희망과 기대를 심어 주기를 원한다. 우리는 이것이 가능하도록 부모들을 지원할 것이다."(National Assembly for Wales, 2001, p. 15)라고 하였다.

스코틀랜드 정부(2007)에서 발간한 『가족에게 다가가기(*Reaching Out to Families*)』(www.scotland.gov.uk)에서는 스코틀랜드 학교에서의 부모참여에 대한 모범적 사례를 소개하고 있다. 이 보고서는 가족과 관계를 형성하고 부모가 존중받고 있다고 느낄 때 협력

관계가 발달한다는 것에 핵심을 두고 있다. 또한 협력관계를 쌍방
과정으로 바라보는 것의 중요성을 강조하고 있는데, 이것은 부모
가 학교에게서 배워야 할 것이 많은 것처럼 학교도 부모에게서 배
워야 할 것이 많다는 것을 의미한다. 〈표 1-1〉은 이러한 원리를
요약하여 제시한다.

| 표 1-1 | 『가족에게 다가가기』의 핵심 원리(Scottish Executive, 2007)

교사와 부모 모두 의사소통의 유용성을 이해한다.
교사는 가족의 사정을 이해함으로써 학생이 가정에서 경험하고 있는 문제에
대해 더 잘 알 수 있다. 부모는 교사가 자신을 존중하고 자신의 의견에 귀
기울인다고 생각할 때 보다 쉽게 교사를 신뢰한다.

모든 학교 활동에서 모든 직원은 적극적인 참여자가 된다.
학교의 모든 직원은 학생과 가족의 요구를 파악하는 것이 필요하다. 부모가
가장 편안하게 느끼는 직원과 연락하도록 하는 것이 중요하다.

부모의 걱정과 상황을 이해하는 교사는 보다 쉽게 관계를 형성한다.
대부분의 부모는 자녀를 양육하면서 한 번 이상의 어려움을 경험하게 된다.
각 가족의 상황은 갑작스럽게 또는 극적으로 변화할 수 있으며, 어떤 가족은
갈등 또는 취약성이 지속될 수 있다.

가족과 지역사회 내에 있는 자원을 활용한다.
우리는 부모가 자녀의 학습을 지원할 때 아동이 더욱 잘할 수 있다는 것을 알
고 있다. 학교는 지역사회의 자원과 서비스를 이용할 수 있다. 특정 문제에 대
한 가정 학습 프로젝트나 전문가 지원 및 서비스가 그 예다.

부모는 자신의 자녀에게 관심을 보이는 교사에게 반응한다.
어떤 부모는 학교에 대해 부정적인 기억을 가지고 있기 때문에, 그들의 자녀
가 어려움을 당하면 이러한 기억이 강화되거나 재생된다. 교사는 부모와의

면담 초기에 아동에게 많은 관심이 있으며, 그들도 부모와 같은 관점을 공유한다는 것을 알려 주어야 한다.

아동을 보다 더 잘 지원하기 위하여 모든 교사를 지원한다.
가족과 복잡하고 감정적인 문제를 겪는 교사가 그들의 역할에 대한 확신을 얻을 수 있도록 선배 또는 동료가 지원해 주는 것이 필요하다.

앞의 내용은 스코틀랜드에서 출판된 『모든 아동을 위한 올바른 이해(*Getting It Right for Every Child*)』(www.scotland.gov.uk/gettingitright)에 제시된 것으로, 청소년, 부모, 양육자를 대상으로 일하는 모든 전문가가 새로운 사고를 가지고 최선의 실행을 할 수 있도록 한다. 이 접근법의 중요한 특징은 문화, 체계, 실천 분야에서 긍정적인 변화를 가져오기 위해 전문가가 아동 및 가족과 함께 해결책을 세워 나간다는 것이다.

스코틀랜드 정부의 핵심 원칙들은 부모와의 관계를 발달시키기 위한 긍정적이고 적극적인 체계를 보여 준다. 이것은 잉글랜드의 정책과 대립되는 것으로, 잉글랜드에서는 참여가 미흡한(접근하기 어려운) 부모에게는 보다 강압적이라는 것과 부모의 요구뿐만 아니라 부모의 책임도 함께 강조하고 있다. 부모의 책임에 대한 강조는 영국에서 열렬히 지지받고 있는 주제인데, 한 보고에서는 "어떤 부모는 참여하기가 더 어렵고, 그렇게 되면 그들의 문제는 더욱더 고착화될 것이다. 부모가 학교와 아동의 교육에 계속 참여하지 않고 반사회적 행동을 보일 때, 부모가 책임을 완수할 수 있도록 강제적인 행동을 취할 수도 있다."(Department for Education and Skills, 2003c, p. 43)고 하였다. Crozier와 Reay(2005)는 영국 정부의 이러한 강제행동에 우려를 표시하면서, 영국 정부가 어떤 부모에게는 공정한 참여로 이끌지 못하는 접근법을 채택하고 있다고 지적하였다. 이들은 "……정부는 부모들이 자녀교육에 대해 제 역할을 하고 있다고 확신하지 못하는 것 같다. ……우리는 아동의 과도한 결석과 무단결석을 보완하기 위한 반사회행동법(Anti-Social Behaviour Act, 2003)을 가지고 있다. 또한 우리는 부모의 경범죄에 대한 처벌로서 부모교실을 운영한다."(Crozier & Reay, 2005, p. ix)고 하였다. 부모에게 책임을 완수하도록 압력을 행사하는 것에 대한 우려는 6장에서 다시 자세하게 다룰 것이다.

부모참여와 기준 향상

영국 정부가 부모의 학교 참여를 권장하는 것은, 이것이 학생의 학업 성취를 향상하게 한다는 믿음에서 기인한다. 부모참여와 학생의 학업 성취라는 연결고리에 대한 증거는 다양한 자료를 통하여 알 수 있다. Desforges와 Abouchaar(2003)는 부모참여가 자녀의 성취와 적응에 미치는 영향에 대해 광범위한 문헌검토를 실시하였는데, 부모참여에 관한 이러한 문헌들은 크게 2가지 주제로 분류할 수 있었다. 하나는 자발적으로 발생하는(spontaneously occurring) 부모참여가 자녀의 교육 성과에 어떠한 영향을 미치는가에 대한 연구이고, 또 하나는 부모참여를 향상시키기 위해 계획된 중재나 프로그램을 평가하는 것에 초점을 맞춘 연구였다. Desforges의 견해에 따르면, 자발적으로 발생하는 부모참여는 다양하고 다면적인 특성을 가지는데, 여기에는 학교행사에 참여하고, 정보를 공유하기 위해 학교와 연락하며, 부모-자녀 간의 대화를 실행하고, 바람직한 사회적 및 교육적 가치를 모델링하는 것이 포함될 수 있다고 하였다. 또한 자발적인 부모참여의 수준과 형태는 어머니의 교육 정도, 편부모 상태, 가족의 경제적 자원의 가용성 등과 같은 사회적 배경 요소에 의해 영향을 받는다고 하였다. 부모참여에 영향을 미친다고 알려진 또 다른 요소는 부모가 인식하고 있는 자신의 역할과 참여에 관한 확신이다. 부모참여는 자녀의 학년이 올라갈수록 감소하는 경향이 있다. Desforges는 부모의 양육은 아동이 학습자로서 자아개념과 높은 기대를 형성하게 함으로써 아동에게 간접적으로 영향을 준다고 하였다. Desforges는 부모참여를 촉진하기 위한 중재와 관련하여, 중재에 대한 많은 평가가 방법론적으로 취약하기 때문에 중재의 효과가 학생의 성취에 영향을 주는 것에 대하여 확고하게 단정 지을 수는 없다고 결론지었다.

　Desforges의 연구에서 발견한 가장 중요한 것 중의 하나는 학생의 학업 성취와 적응은 자발적으로 발생하는 '가정에서의 좋은 양육'에 지대한 영향을 받는다는 것이다. '가정에서의 좋은 양육'이란 안정적이고 안전한 가정환경의 제공, 학습이 활발하게 이루어지는 분위기, 부모-자녀 간의 충분한 대화, 부모의 긍정적이고 사회적인 교육 원칙, 자녀의 자아실현에 대한 부모의 높은 열망으

로 정의 내릴 수 있다. Desforges는 자녀의 연령이 낮을수록 부모
참여의 영향력이 매우 크다고 주장하였으며, 이것은 소수민족뿐
만 아니라 다양한 사회적 배경을 가진 가정에도 적용된다고 하였
다. 워릭(Warwick) 대학교 연구팀의 연구에서도 유사한 결과가
나타났는데, 이들은 '학생의 성취를 이끄는 부모참여'에 관한 보
고서를 출간하였다(Harris & Goodall, 2007). 이들은 부모참여가 학
교에서 학생의 학업을 향상시키는 가장 효과적인 기제(mechanism)
라고 결론지었다. 흥미롭게도, Desforges의 결과와 유사하게, 부
모가 학교활동에 공식적으로 참여하는 것보다도 가정에서 자녀의
학습을 지원하는 것이 자녀의 학업 성취에 더 큰 영향을 미친다는
것을 강조하였다.

　일부 연구자들은 부모참여와 자녀의 학업 성취 간의 관련성에 대
하여 의문을 제기하기도 하지만 이것은 별 의미가 없다. Mattingly 등
(2002)은 미국의 부모참여 프로그램을 검토하였는데, 부모의 참여가
자녀의 학업 및 다른 성과를 향상시키는 효과적인 수단이 된다고 보
고하였다. Mattingly 등의 연구결과에서도 Desforges와 Abouchaar
(2003)와 동일한 결과가 나타났다. Desforges와 Abouchaar는 부
모참여와 자녀의 학업 성취 간의 관련성을 부인하는 연구들은 연
구방법적인 측면에서 문제를 가진다고 하였다. 그리고 부모참여
와 자녀의 학업 성취가 관련성이 없음을 입증할 만한 충분한 증거
를 가지고 있지 못하다고 하였다. 앞으로 이 책에서는 학교-가정
연계 프로젝트에 대해 소개할 것이며, 후반부에서는 아동과 청소
년의 학습 개선과 부모의 자기효능감 향상, 그리고 다양한 긍정적

인 성과를 가져올 수 있는 혁신적이고 창의적인 프로그램에 대해 살펴볼 것이다.

사회적 박탈과 접근하기 어려운 부모

많은 부모가 자녀의 학교에 점점 더 많이 참여하고 있다는 증거가 있다. 하지만 일반적으로 양질의 가정-학교 관계임에도, 많은 학교는 모든 부모를 학교에 참여시키는 데 어려움을 경험한다. 부모참여에 대한 장벽은 특히 빈곤 지역에서 두드러진다. Muijs 등 (2004)은 경제적으로 빈곤한 지역의 학교를 조사한 결과, 빈곤 지역의 학교는 종종 전국 평균에 미치지 못하는 평가를 받았으며, 자녀의 교육에 부모가 적극적으로 참여하도록 하는 데 유리하지 못하다고 보고하였다. 이러한 불리한 지역에 위치한 학교에 근무하는 교사의 핵심 과제는 학생의 가정에서 나타나는 다양성을 가치 있게 인정하는 것이다. 왜냐하면 부모참여에 관한 학교정책은 '표준(model)' 가족의 개념에 토대를 두고 있어서, 부모참여를 어렵게 하는 모든 문화적 및 언어적 장벽을 고려하지 않는 위험이 존재할 수 있기 때문이다(Carpentier & Lall, 2005).

이러한 문제에 대한 인식은 영국의 정책 입안자들 사이에서 점점 더 확대되었다. 영국 정부 보고서인『부모를 위한 지원: 자녀를 위한 최선의 시작(Support for Parents: Best Start for Children)』(Department for Education and Skills, 2005b)에서는, 어떤 부모는 일반적인 부모보다 더 큰 어려움이 있고 더 많은 요구가 있기 때문에 이러한 부모에게는 더 많은 지원을 제공해야 한다고 하였다. 특히 열악한 지역에 거주하는 가족을 위해서는, 소위 '빈곤의 순환'을 해결하는 예방 전략을 실시하는 것이 중요하다. 『아동을 위한 높은 목표: 가족을 위한 지원(*Aiming High for Children: Support for Families*)』(Department for Education and Skills, 2007)이라는 출판물에서도 서비스 제공자들이 '접근하기 어려운' 부모를 포함하여 취약하거나 소외된 집단에게 접근하는 것이 중요함을 강조하였다. 이 보고서는 학교 및 공공 서비스 기관이 지원을 가장 많이 필요로 하는 가족에게 접근해야 한다는 것을 강조하며, 『모든 아동 문제』 보고서에서 제시된 확대학교 프로그램(extended schools programme)이 이러한 목적을 성취할 수 있는 핵심적인 계획이라는 것을 강조하였다.

빈곤 지역에서 부모와의 협력이 보다 더 어렵다는 인식은 의료서비스 전달의 '반비례법칙'의 특징과도 일치한다. Julian Tudor Hart(1971)가 처음 묘사한 의료의 '반비례법칙'이란, 양질의 의료서비스에 대한 가능성은 치료를 요구하는 사람의 필요성과 반대로 놓인다는 것이다. 즉, 더 많은 의료서비스가 요구되는 빈곤한 지역에 거주하는 사람들이 오히려 더 저조한 의료서비스를 제공받게 된다는 것이다. 다른 말로 하면, 의료서비스를 가장 많이 필요로 하는 사람이 가장 적은 의료서비스를 받게 된다는 것이다. 이러한 '반비례법칙'은 단지 의료서비스 분야에만 국한되는 것이 아니라 교육을 포함한 다양한 서비스 분야에도 적용될 수 있다.

부모참여는 사회적인 배경 요소에 많은 영향을 받게 되는데, 빈곤
지역에 거주하는 부모의 경우 학교와의 연계가 보다 저조하게 나
타난다고 하였다(예: Desforges & Abouchaar, 2003). 사회적 박탈
지역에 거주하는 부모와 '접근하기 어려운' 부모는 전형적으로
학교와 더 가까운 협력관계를 가질 필요가 있는 사람들임에도 그
렇지 않다는 것이다.

하지만 '접근하기 어려운'이라는 표현과 '참여시키기 어려운'
이라는 표현은 비판을 받기 시작하였다. 이러한 표현은 어떤 집
단을 바라보는 방식을 결손 중심(deficit-centered)으로 이끌 우려
가 있다는 것이다. Barton 등(2004)은 미국의 빈곤 도시 지역에
위치한 학교 교육에서의 부모참여에 대한 부모들의 인식을 연구
하였다. 이들은 연구에서 결손 모델의 편중, 그리고 부모를 힘이
없고 연구에서 통제되어야 할 '대상'으로 묘사하는 방식에 대하
여 비판하였다.

연구 인용문

결손 모델은 부모와 그들의 교육적 지위를 이해하기 위해서 부모를 조
작되어야 할 대상으로 간주하며 ……참여의 중점, 목적, 범위를 형성하
는 개인과 자원에 대한 네트워크를 고려하지 않고, 부모의 신념을 형성
하는 부모의 독특한 경험도 고려하지 않는다.

Barton et al., 2004, p. 4.

영국에서 가족 결손 접근법에 대한 우려는 Dyson과 Robson (1999)에 의해서 제기되었다. 그들은 학교-가정-지역사회 연계의 결과와 효과성에 관한 300편 이상의 출판물을 검토하였는데, 이 저자들은 부모참여 계획이 가족의 관습과 가치를 약화시키거나 간과할 수 있고, 지역사회에 대한 학교의 가치를 강요할 수 있으며, 이로 인해 어떤 가정은 심지어 하찮게도 여겨질 수 있다고 하였다. 결손 중심 관점이 전문 실천분야에 여전히 영향을 미치고 있다는 증거는 Schmidt Neven(2008)의 연구에서도 제시되었다. 그녀는 아동과 가족을 위해 일하는 다양한 전문가들을 연구하였는데, 그들 대부분이 아동과 가족에 대해서 병리학적 관점을 채택하고 있다는 것을 알게 되었다. 학교와 기관들이 서로 다른 배경을 가진 집단의 다양성을 간과할 수 있다는 우려와 함께 '접근하기 어려운'과 같은 용어가 이러한 결손 중심의 관점을 초래할 수 있다는 것이다.

주요한 이론적 접근

여기에서는 이 책의 근간을 형성하는 이론들을 제시하고자 한다. 2가지의 이론적 접근이 있는데, 이 이론들은 이 책의 다음 장들에서 소개될 다양한 계획과 연구 프로젝트를 이해하는 데 도움을 주는 개념적인 틀을 제공할 것이다.

첫 번째 근간은 사회문화적 이론(sociocultural theory)이다. 인

간발달과 학습을 이해하기 위한 이 이론은 비고츠키(Lev Vygotsky)
의 연구를 광범위하게 따르고 있다. 비고츠키는 아동발달의 사회
적 상호작용과 학습을 위한 사회적 맥락의 중요성을 강조하였다.
그의 이론은 학습처리과정을 직접적으로 지원하기 위해 보다 지
식이 많은 사람이 행하는 역할을 강조하며, 부모나 보호자, 또는
나이가 많거나 경험이 많은 아동, 교사, 다른 성인이 아동의 학습
에 발판을 설정하고 지지하는 데 매우 중요한 역할을 한다고 주장
한다. 그는 좀 더 유능한 사람이 제공하는 지원의 질이 결정적이
라고 하였다. Rogoff에 의하면, 아동발달은 '안내된 참여(guided
participation)'의 형태로 간주될 수 있다. 여기서 아동은 신뢰할 수
있는 안내자의 가까이에 머무르고, 안내자의 행동에 주의를 기울
이며, 가능한 한 언제든지 안내자와 연결되고, 안내자가 제공하는
어떠한 코칭(지도)에도 반응한다(Rogoff, 1991). 이러한 개념에 근
거하여 교사, 부모, 연구자를 위한 적용에는 다음의 내용이 포함
된다.

● 사람이 살아가고 활동하며 일하는 환경과 조건은 종종 예측
  할 수 없으며, 때로는 우려되기도 하고 복잡할 수도 있다. 하
  지만 이러한 것을 이해하면서 학교나 가정에 있는 아동과 가
  족을 이해하는 것이 중요하다.
● 연구자는 가족이나 교실의 역동성, 그리고 이들의 상호작용
  이 얼마나 복잡한지를 염두에 두면서, 지나치게 단순화하지
  않도록 유의해야 한다.

● 아동발달은 '안내된 참여'에서 비롯되는 경향이 있다. 효과적인 학습은 성인이 사회적 상황에서 아동의 사고와 학습에 대한 발판을 마련하고, 문제해결에 초점을 맞추면서, 가정과 학교에서 중요한 역할을 수행하며, 특히 성인과 아동이 함께 협력할 때 이루어질 수 있다.

● 일반적으로 가치는 세대를 통해서 전달되며, 가족마다 독특한 문화적 가치를 나타낸다. 교사와 전문가는 특정한 가치 또는 고유성과 관련된 독특한 문화적 상황에 직면할 때 주의해야 한다. 다른 사람들이 아동을 양육하며 삶을 살아가는 방식이 교사나 전문가에게 익숙하지 않고 이상하게 보일지라도 이에 대해 개방적이어야 한다.

이 책에 제시된 부모참여 프로젝트들을 개발한 전문가들은 학습이 정보를 전달하는 것과 성인에게서 아동에게로 지식이 운반되는 것 이상임을 강조한다. 이 모든 프로젝트들은 교사, 가족구성원, 다른 사람들이 아동과 청소년의 학습에 발판을 제공하는 데 결정적인 역할을 한다는 것을 강조하며, 사회문화이론의 요소를 반영한다.

이 책을 뒷받침해 주는 두 번째 핵심 이론은 사회적 자본(social capital)이론이다. 이것은 자녀의 교육에 참여하는 가족의 능력에 대한 차이를 이해하는 데 가장 기본이 되는 이론적 토대를 제공한다. 사회적 자본이론이 의미하는 바에 관해서 항상 합의가 이루어진 것은 아니다. Ball(2003)은 이 용어의 의미가 분명하지 않다는 것에 대해 우려하면서, 다양한 종류의 사회적 자본이 제안되어 왔으며, 그 형태가 때로는 중복되거나 유사한 측면이 있다고 하였다. 그러나 Robert Putnam은 그의 저서 『공동체 생활에 참여하지 않는 것(*Bowling Alone*)』(2000)에서 사회적 자본에 대해 상세히 설명하면서 미국 사회에서 지역사회 활동이 감소하는 것에 대해 설명하였다. Putnam은 사회적 자본이란 개인이 계발하는, 즉 개인적 관심을 증진시키는 혜택을 제공하고, 삶을 보다 생산적으로 만들며, 협동하고 상호 지원해 주는 관계로의 연결(connections)과 사회적 관계를 나타내는 것이라고 하였다. 이러한 사회적 연결은 연속체로 나타날 수 있는데, 이웃 관계와 등산 동호회와 같은 비공식적인 관계에서부터 일하면서 만나는 전문가 모임이나 볼링 대회와 같은 보다 공식적인 관계까지 포함한다.

Putnam은 결속형(bonding) 사회자본과 연결형(bridging) 사회자본 간의 중요한 구별을 제시하였다. 결속형 사회자본은 내부지향적이고, 배타적인 성향을 가지며, 동일성과 통일성으로 특징지어지고, 결속력이 강한 집단에서 발생한다. 예를 들면, 교회에서 이루어지는 성경 읽기 모임이나 컨트리 클럽(country club)에서 만들어진 관계가 여기에 포함될 수 있다. 반면에 연결형 사회자본은 보다 포괄적이고 외부지향적인 특성을 가지며, 다양한 사회적 관계에서 온 이질적인 집단의 사람들을 포함한다. 연결형 관계는 종종 결속력이 느슨하고, 약한 유대관계를 나타낸다(Ball, 2003). 이러한 관계는 정보를 필요로 하거나 발전을 원하는 개인을 위해 중요한 기회를 제공할 수 있다. 연결형 사회자본의 예로는, 미국의

시민단체 운동, 놀이터에서 놀고 있는 자녀를 기다리는 영국 초등
학교 학부모에게 나타나는 관계 양상, 가족들이 나타내는 광범위
한 연락망과 잠재적인 연락망(예: 안면 있는 친척을 통한 연락) 등이
있다. 여기서 중요한 점은 결속형과 연결형 모두 가족에게 유익할
수 있다는 것이다. 중요한 것은 당신이 무엇을 알고 있느냐가 아
니라 누구를 알고 있느냐 하는 것이다. 교육체계에 대해서 궁금한
학부모는 친구나 친척 중에 교사 또는 교육전문가가 있다면 그 사
람에게 연락해서 자신의 자녀가 다니는 학교에 근무하는 담당자
에게 어떻게 접근할 수 있는지에 관한 유용한 정보를 제공받을 수
있다.

　사회자본의 세 번째 형태는 문화(cultural) 자본으로, 이것은 프
랑스 사회학자인 Pierre Bourdieu가 발달시켰다. 그는 다른 가정
환경에서 자란 학생들의 학습 성과에 왜 차이가 발생하는지에 대
해 관심이 있었다. 그는 그 이유가 문화 자본이라는 관점에서 설
명될 수 있다고 주장하였다. 문화 자본은 '사회화'라는 과정을 통
해 일반적으로 가족에 의해서 전해져 온 가치와 관점, 그리고 우
리의 배경과 문화에서 우리가 선택한 가치와 세계관이 포함된다.
문화 자본은 언어적 방식으로 표출되거나, 우리의 교육적 경험과
조건에 반영될 수도 있다. 모든 아동은 문화적 경험을 가지고 있
지만, 그들이 학교 교육과정과 교수방법에 좀 더 근접하게 되면
어떤 특정한 문화적 경험은(예: 특정한 학습 내용이나 방법에 대한 친
숙성과 특정한 언어에 노출될 때) 다른 것보다 더 가치 있을 수 있다.
Lareau(2000)는 아동의 가정에서 이루어지는 문화적 경험은 아동

의 학교 적응과 학업 성취에 다양하게 나타나고, 문화적 자원이나 가족생활의 측면에서 문화적 자본으로 변형된다고 주장한다. 이 구조에서는 빈곤한 가정환경에 있는 아동의 경우, 학교에서 그들의 문화적 자원의 가치가 저하될 때, 차별적으로 불이익을 받을 수 있는 결과를 초래한다고 하였다. 어떤 부모는 자녀가 학교에서 실시하는 시험에 합격하고, 또 사회적 이점이 세대를 통해서 전달되는 과정에 기여하기를 바라면서 가정에서 자녀를 지도할 때 그들의 문화적 자본을 활용한다. 이러한 부모의 교육적 경험과 성공은 교사에게 신념과 확신을 가지고 접근할 수 있게 한다. 하지만 빈곤한 배경을 가진 부모는 중산층의 부모가 가지는 열망을 함께 가지면서 자신의 자녀가 학교에서 성공하기를 바라지만, 이러한 부분에서 대부분 자신감이 부족하다.

연구 인용문

Lareau가 인터뷰한 노동계층의 부모들은 자녀의 학업 문제를 교사에게 맡겨 두어야 한다고 생각하고 있었다. 이런 부모들은 종종 교사의 전문가 권위에 압도되며 자신들이 자녀를 잘못된 방식으로 양육하는 것은 아닌지 혹은 잘못된 것을 가르치는 것은 아닌지에 대하여 두려워한다. 그들은 학교와 가정을 별개의 영역으로 바라본다.

Wrigley, 2000, p. viii.

이러한 사회문화이론과 함께 교사나 전문가를 위한 중요한 적용이 사회자본이론의 개념에서도 도출된다.

- 부모는 사회적 자본의 보유량이 높으며 다른 집단에 대한 연결이 용이할 때 발생하는 문제를 보다 효과적으로 해결할 수 있다. 이러한 연결은 지역 공공기관에서 얻을 수 있는 미로와 같은 정보를 보다 신속하게 전달해 준다. 부모들의 사회적 자본(예: 부모가 형성한 관계, 그리고 그들이 얻은 통찰과 지식의 결과)은 시간의 흐름에 따라 변화하는 부모의 요구에 맞춘 유연한 서비스의 개발을 필요로 한다.
- 결속형 사회자본과 문화 자본은 다양한 가정이 보이는 문제나 과제를 극복하는 그들의 능력에 대한 차이를 설명하는 가장 확실하고 강력한 요인들이다. 이러한 차이로 인해, 어떤 가족은 부모가 학교에 참여할 때나 자녀의 교육을 위해 지원을 제공할 때 현저히 불이익을 받을 수 있다. 특히 교육적 경험이 부족한 부모는 학교에 접근할 때 상당한 곤란을 경험할 수 있다. 그들은 교육 문제에 대한 자신감이 낮고, 사회적 관계나 노하우에 대한 자원이 부족할 수 있다.

사회적 자본과 문화적 자본의 구조는 학교가 어떤 부모에게 접근하기 힘들다고 여기는지를 이해하는 데 도움을 준다. 이 책에 소개되는 프로젝트들은 사회적 자본이나 문화적 자본을 형성하고 향상시키는 데 목적을 두고 있으며, 이러한 이론적 틀은 이후에 다시 언급될 것이다.

결론 및 이 책의 구성

영국에서는 1960년대 이후로 부모의 교육 참여에 대한 중요성
이 점점 더 높아지고 있다. 잉글랜드, 웨일스, 스코틀랜드 지역에
서도 부모참여가 아동과 청소년의 학업 성과를 향상시킨다는 확
신을 통해 이를 강하게 지지하고 있다. 하지만 여전히 일부 가족
의 경우는 부모와 전문가 사이의 신뢰로운 협력관계를 형성하는
데 도움이 되지 못한다는 결핍이론이 우세하다.

이 책의 나머지 부분은 다음의 내용으로 구성되어 있다. 2장에서
는 접근하기 어려운 부모의 다양한 특성을 제시하면서, 부모가 학교
에 참여하기 어려운 이유에 대해 설명할 것이다. 그 다음으로 제시되
는 3개의 장에서는 부모참여에 관한 거시적 문제부터 미시적 문제까
지 다루게 된다. 3장에서는 학교-가정 연계에 대한 국제 간 연구에
대해 설명하고, 4장에서는 영국의 유망한 사례를 제시하며, 5장에서
는 부모참여의 수단으로서 가정방문을 포함한 소규모 계획에 대해
중점을 둘 것이다. 부모참여는 특히 '접근하기 어려운' 부모의 개념
을 둘러싼 토론으로 논쟁의 소지가 있다. 6장에서는 이러한 논쟁과
관련된 핵심 사항들을 다루고, 마지막 7장에서는 학교가 보다 열린
자세로 부모에게 접근하는 것에 대한 논평을 통해 결론을 맺는다.

chapter

02

참여의 형태,
해석 및 위험 요인

서 론

학교와 교육에 대한 부모의 참여는 다면적이고 복잡한 양상을 띤다. 이것은 '교육에 참여한다'고 여겨지는 부모의 행동이 광범위하고 다양하다는 것을 의미한다. 부모참여는 참여에 대한 방법과 동기가 무엇인지에 따라 광범위하게 달라질 수 있다. 예를 들면, 부모는 일반적인 수준에서 학교 전시회나 학교 기금마련 행사와 같은 학교행사에 참여하거나, 자녀의 숙제를 도와주는 방법으로 참여할 수 있다. 이 2가지 모두 교육에 참여한다고 말할 수 있지만, 학교에 지원을 제공하는 부모와 자신의 자녀를 도와주는 부모 사이에는 분명한 차이가 존재한다. 그리고 부모참여에는 또 다른 수준의 복잡성이 존재한다. 예를 들면, Russell과 Granville (2005)은 스코틀랜드에서 교육에 참여하는 것에 대한 부모들의 인식을 조사하였는데, 부모들이 학교에서 자원봉사를 하는 궁극적인 이유는 학교의 기능과 절차에 대해 더 많은 지식을 획득하여 자신의 자녀를 더 잘 도울 수 있는 유리한 위치에 있기 위함이라고 하였다. 학교행사를 지원하는 학부모들이 가지는 자발성의 궁극적인 동기도 가정에서 자녀를 지원하는 이유와 매우 유사하였다. 이 2가지 모두 자녀의 학습을 지원하기 위해서 자신의 능력을 강화하는 것이다. 따라서 부모참여를 이해하기 위해서는 단순히 보이는 것뿐만 아니라, 이에 대한 동기 파악에도 주의를 기울여야 한다.

이 장에서는 부모참여의 특성을 살펴보고, '접근하기 어려운' 부모들의 다양한 특성에 대해서 살펴볼 것이다.

- 이 장은 '부모참여'의 성격을 탐색하는 것에서 시작하여 특정 집단을 제외시키는 데 일조한 사회적 요인과 역사적 요인에 대해 살펴볼 것이다.
- '빈곤의 순환'에 대해 살펴볼 것이다. 빈곤의 결과를 끊으려는 특정 집단의 노력이 인정받지 못하고, 불이익이 세대를 통해서 전달되는 문제에 대해 살펴볼 것이다.
- 보다 긍정적인 관점에서, 모든 가족은 자녀의 학습과 발달에 기여할 수 있는 문화적 자본과 사회적 자본의 자원을 가지고 있다는 사실에 대해 검토할 것이다.
- 학교행사에 참여하는 부모와 가정에서 보이지 않게 참여하는 부모에 대해 살펴볼 것이다.
- 마지막으로, 일부 부모를 '접근하기 어려운' 부모로 바라보도록 만드는 위험 요인의 범위에 대해 살펴볼 것이다.

부모참여에 관한 문헌을 살펴보기 전에, 부모참여에 대한 대부분의 연구가 아버지가 아닌 어머니의 관점을 중시한다는 것은 크게 중요하지 않다. 비록 앞으로 제시될 논의가 어머니의 관점을 중심으로 한 면이 있지만, 이것이 아버지의 참여가 중요하지 않다는 것을 암시하는 것은 아니다. 연구자들은 일반적으로 교육 연구를 실시할 때 어머니와의 관계를 발전시키는 대신, 아버지의 관점을 과소 보고하는 결과를 초래해 왔다. 교육기술국(Department for Education and Skills, 2004b)에서 발간한 소책자인 『참여하는 아버지: 참여하는 부모, 향상되는 학업 성취(*Engaging Fathers: Involving Parents, Raising Achievement*)』에 제시된 다음의 인용문은 아버지 역할의 중요성을 언급하고 있다.

> **연구 인용문**
>
> 선행 연구는 아버지와 어머니 모두 자녀의 발달에 영향을 미치고 있음을 보여 준다. ……자녀의 학교생활과 학업에 부모 모두가 참여하도록 함으로써 자녀의 학업 성취, 동기유발, 자존감 형성에 분명하고 긍정적인 차이를 만들어 낼 수 있다.
>
> Department for Education and Skills, 2004b, p. 2.

배제와 소외: 사회적 및 역사적 요인

13세 이전의 아동, 그리고 그들의 가족과 관련한 배제(exclusion)에 대해 다룬 문헌에 관한 보고서에서, Buchanan 등(2004)은 '사회적 배제'라는 용어가 여러 가지로 해석될 여지가 있으므로 이 표현에 대한 해석은 여전히 진행 중에 있다고 하였다. 하지만 '사회적으로 배제되는'이라는 개념과 '접근하기 어려운'으로 묘사될 수 있는 집단 간에는 밀접한 관련이 있으며, Buchanan 등은 가족

이 소외될(marginalized) 수 있는 핵심적인 위험 요인을 확인하였
다. 〈표 2-1〉은 이러한 위험 요인을 제시하고 있다.

| 표 2-1 | 13세 이전 아동과 가족에 대한 사회적 배제의 위험 요인
(Buchanan et al., 2004)

- **빈곤한 생활수준:** 빈곤과 아동의 장·단기적 성과(낮은 학업 성취, 문제 행동) 사이에는 밀접한 관련이 있다.

- **낙후된 주거환경:** 과밀한 혹은 불량한 주거상태는 아동의 허약한 건강상태, 교육적 불이익, 사회성 발달의 저조와 관련이 있다. 소수민족 아동이나 장애아동은 낙후된 주거환경에서 사는 경우가 많다.

- **장애아동의 양육:** 장애아동을 둔 가족은 빈곤을 더 많이 경험한다. 중증장애아동을 양육하는 비용이 비장애아동을 양육하는 비용보다 3배 더 많은 것으로 나타난다.

- **양질의 조기교육에 대한 접근 취약성:** 양질의 어린이집과 유치원의 제공은 아동의 발달에 긍정적인 영향을 미치고, 이에 따른 부가적인 혜택으로 부모의 고용상태가 지속되도록 하며, 빈곤 가정이 경험할 수 있는 위험성을 피할 수 있도록 돕는다.

- **허약한 건강상태:** 악화된 건강 자체가 아동과 가족을 사회에서 소외시킨다는 것을 의미하는 것은 아니다. 하지만 물질적인 부족이 허약한 건강상태를 초래할 수 있다. 따라서 가족의 허약한 건강상태는 가난이나 빈곤한 생활수준과 같은 스트레스를 야기할 수 있다.

- **공정성에 대한 접근:** 부채, 실직, 차별, 정신건강 문제, 가족 해체를 경험하는 가족은 특히 사회적으로 제외될 위험에 처할 수 있다. 하지만 부모가 적절하고 합법적인 서비스를 가지거나 이러한 서비스에 접근할 수 있다면 그러한 문제를 피할 수 있다.

Welshman(2006a)은 '배제된 집단'이라는 개념과 과거 120년 동안의 사회에서 있었던 '하위계층'의 존재에 관하여 통찰력 있는 조사를 실시하였다. 그의 분석은 소위 '접근하기 어려운 부모'에 대하여 유용한 맥락을 제공하며, 역사적 및 사회적 요인들이 이러한 용어의 사용과 발달에 중요한 역할을 한다는 것에 대해 상기하게 해 주었다.

● 사회적 잔류층(1880년대): 1880년대에는 존경받는 노동자계층과 사회의 최하위계층을 차별하기 위하여 '사회적 잔류층'이라는 용어가 사용되었다. 즉, 구별된 별개의 집단이나 계층을 의미한다. 이 용어와 유사한 표현은 '구제를 받을 자격이 없는 가난한 사람들'이라는 말이다. 이것은 17세기 영국의 '빈곤법(Poor Law)'으로 거슬러 올라가는데(1601년의 빈곤구제법), 그 당시는 사회안전기금(social security funding) 체계가 도입되어, 지방의 치안판사가 청구자의 신청이 타당한 것인지를 확인해야 하는 시대였다. 가난한 사람은 '구제받을 가치가 있는' 혹은 '구제받을 가치가 없는' 사람으로 구분되었다.

● 고용 부적격자(1900년대): 1900년대 초반에는 취업이 불가능하다고 간주되는 성인의 수가 증가하는 것을 우려하였다. 어떤 사람들은 이 집단이 일하기를 꺼리는 사람과 다양한 이유로 인해서 일할 수 없는 사람으로 구성된다고 간주하였다. 이후, 제1차 세계대전 동안에 발생한 완전고용은 취업이 불가능하

다고 간주된 '하위계층'을 감소시켜 주었다.

● 사회적 문제 집단(1920년대): 1920년대와 1930년대에는 '정신지체'에 대한 두려움과 이러한 상태가 다음 세대로 유전될 수 있다는 생각이 소위 '사회적 문제 집단'을 만들어 냈다. 이 시대의 우생학운동은 유능하고 건강한 사람에게는 자녀를 많이 낳도록 권장하고 무능한 사람은 그렇게 하지 않도록 제안하였는데, 이는 사회정책 논쟁에 막대한 영향을 제공하였다.

● 문제 가족(1950년대): 사회적 문제 집단에 중점을 둔 우생학운동은 1930년대에 나치(Nazi)의 잔혹한 행위와 관련되면서 신임을 잃게 되었다. 1940년대까지 '사회적 문제 집단'의 개념이던 하위계층은 새로운 개념인 '문제 가족'으로 대체되기 시작하였다. 이 표현은 제2차 세계대전의 초창기 동안 도시로 피난 온 가족을 위해 부분적으로 불려지기 시작하였는데, 이후 일부 도시 지역의 가족들이 경험한 허약과 빈곤한 생활수준이 보다 증가하게 되었다.

● 하위계층(1980년대): 1970년대와 1980년대에 영국과 미국에서는 어떤 가족이 왜 문제를 겪는지 입증하고자 하는 문제제기의 형태에서 변화하기 시작하였다. 가족을 비난하는 이전의 결핍 접근법과는 달리, 사회 내의 체계 문제에서 기인하는 불이익에 관하여 논쟁이 이루어졌다. 영국에서 '하위계층'이라는 용어는 장기간의 실업을 경험하여 빈곤에 처한 사람들의 집단을 지칭하는 데 사용되었다. 그러나 '하위계층'이라

는 용어가 가진 문제 중의 하나는 다양한 집단에 속한 사람들을 광범위하게 포함한다는 것이었다. 예를 들면, 이주 노동자, 소수민족집단, 정부 의존도와 범죄율이 높은 지역에 사는 사람까지도 포함한다. 정책입안자와 연구자들 사이에서는 이러한 정의에 대한 의견일치가 이루어지지 않았으며, 1990년대 중반까지도 새로운 표현을 선호하게 되었다.

● 사회적 배제 집단(1990년대): '사회적 배제'라는 개념은 1970년대 프랑스의 사회학자들에 의해 처음 사용되었다. 이는 사회적 편의시설에 대한 접근이 제한된 도시 변두리의 황폐한 지역 내에 거주하는 사람들을 지칭하였다.

위의 목록에 추가할 수 있는 개념이 바로 이 책에서 중점을 두고 있는 '접근하기 어려운'이라고 하는 것이다. 정부 출판물인 『다가가기(*Reaching Out*)』(Cabinet Office, 2006)에서 정부는 부유한 생활방식을 가진 집단과 대조되는 소수집단에 대한 집요하고 고질적인 배제에 관하여 언급하고 있다.

Welshman(2006a)의 '하위계층' 개념에 대한 역사적 개요를 살펴보면, 사회적으로 소외되거나 접근하기 어렵다고 여겨지는 사람들을 묘사하는 데 사용된 용어가 역사적 · 사회적 · 정치적 발달에 영향을 받아 왔다는 것을 확실히 보여 준다. 19세기에 주로 사용된 '사회 잔류층'이란 용어는 결핍과 무능을 내포하는 것으로서, 현재에는 구시대적이라고 비난받는다. 오늘날 우리는 가족이 직면한 어려움을 오직 가족이 책임져야 한다는 표현에 대해 조심

연구 인용문

개인이 직면하는 불이익은 대개 어린 시절에 명백하게 나타나며, 이것
은 성인기와 노년기까지도 지속된다. ……접근하기 어려운 사람들의 집
단이 존재한다는 사실은 더욱 분명해져 간다. 사회적 배제의 영향으로
고통당하는 다수의 사람에게도 기회를 확대하는 것이 필요하다.

Cabinet Office, 2006, p. 10.

스러워 하는 경향이 있다. Welshman의 분석은 사회에서 특정 집
단을 묘사하기 위해 사용하는 명칭이 신중해야 하며, '사회적으
로 소외되고' '접근하기 어려운'과 같은 용어가 사회적으로 사용
된다는 것에 대하여 상기하게 해 주는 역할을 한다. 이러한 표현
은 저술가들과 정책입안자들이 인간행동의 유형과 규칙을 확인하
여 인간 활동을 이해하려는 시도에서 만들어 낸 것이며, 불변하거
나 임상적ㆍ과학적인 범주가 아니다. 이러한 표현은 사실상 설명
이 아닌 서술이며, 다음의 예시처럼 이것이 사용되는 방식의 순환
이 우려된다.

질문: 왜 어떤 가족은 그토록 끈질기고 고질적인 문제를 경험
   하고 있습니까?
답: 왜냐하면 그들이 하위계층의 사람이기 때문입니다.
질문: 그 사람들이 하위계층인 것을 우리가 어떻게 알 수 있

습니까?

답: 왜냐하면 그들이 그토록 끈질기고 고질적인 문제를 경험

하고 있기 때문입니다.

'하위계층' '사회적으로 소외된' '접근하기 어려운'과 같은 표현은 왜 어떤 가족들이 고착되고 끊임없는 문제를 경험하는지에 대한 이유를 설명해 주지 못한다. 여러 학자들은 어떤 부모가 주변부로 내몰리게 되고, 접근하기 어렵다고 인식되는지, 또한 그러한 과정에 일조하는 메커니즘에 대하여 연구하기 위해 다양한 이론적 틀을 제시하였다. 이 제시된 메커니즘은 사회과정 모델(social process models)에서부터 개별화 모델(individualized models)에까지 이른다. 사회과정 모델은 빈곤과 불이익을 영구화시키는 요인을 사회 내적으로 검증하고, 개별화 모델은 부모의 자신감이나 신념이 교사와 다른 전문가를 만날 때 약화되는 경험에 중점을 둔다. 이 각각의 모델은 학교에서 이루어지는 행동에 다르게 영향을 미친다.

빈곤의 세대 간 순환에 대한 인식

여기서는 자녀의 교육에 참여하는 부모의 다양한 수준을 설명해 주는 모델에 대해 살펴볼 것이다.

Welshman(2006b)은 왜 특정 집단이 사회에서 소외되는지에

대한 이유를 설명해 주는 2가지의 주요 관점과 개념을 제시하였
다. 그것은 바로 '개별적 설명'과 '구조적(외부적) 설명'인데, 이
개념은 본질적으로 서로 반대된다. '개별적 설명'은 그들 스스로
가 만든 무능력이 빈곤한 생활수준을 갖게 한다고 주장한다. 가장
눈에 띄는 초기 사례 중의 하나가 '가치 없는 가난한 사람들'이라
는 빅토리안(Victorian)의 개념인데, 이는 빈곤 지역에 사는 사람
은 환경에 대해서 자신을 비난하며 사회의 지원을 받을 가치가 없
다는 의견이다. 이와 반대로 보다 최근의 개념은 사회 내의 '구조
적' 요인을 강조하는 것으로, 이러한 구조적 요인은 학교가 부모
와 의사소통을 할 때 지나치게 문자언어에 치중하는 경향이나, 언
어장벽, 그리고 고용기회와 서비스에서 사회적으로 소외되는 것
을 포함한다.

　최근 수십 년 동안 사회정책을 지배해 온 사고는 '빈곤의 순환'
이 세대를 통해 불이익이 전해지도록 하고, 또 극빈층과 사회적 소
외에서 빠져나오는 것을 가로막는다는 주장이다. Coffield 등(1980)
에 따르면, '빈곤의 순환'이라는 사고에 대해 나타낸 초기 문헌 중
의 하나는 1921년에 Jamieson Hurry가 쓴 『빈곤과 그것의 악순환
(*Poverty and Its Vicious Circles*)』이라는 저서다. 그러나 이 이론은
20세기 중반에 와서야 교육에 중요한 영향을 미치기 시작하였다.
John Kennedy의 암살 이후 1963년에 Lyndon Johnson이 미국
대통령을 역임하였을 때, 그는 미국이 직면하고 있는 가장 심각한
문제가 사회적 빈곤이라는 것에 대해 역설하면서 '빈곤과의 전쟁'
을 선포하였다. 곧이어 미국에서는 헤드스타트(Head Start) 프로그

램(역자 주: 저소득층을 위한 조기교육 프로그램)이 시작되었으며
(1965년), 오늘날까지 저소득층 아동과 가족을 위한 부모참여, 영
양, 건강, 교육 등 다양한 서비스가 주정부의 예산으로 운용되는
제도로 확대되어 유지되고 있다. 이 제도의 놀라운 성과는 2007년
미국에서 65억 달러(약 6조 9,260억 원) 이상을 90만 명의 아동이
참여하는 1,600개의 프로그램에 지원하였다는 것이다. 헤드스타
트 프로그램의 발전을 뒷받침해 주는 주된 근거는 이 혁신적인
프로그램이 소위 '빈곤의 문화'를 약화시킬 수 있다는 것이었다
(O'Connor, 2003).

　이러한 빈곤의 문화는 미국에만 한정된 것은 아니었다. 이는 접
근하기 어려운 부모를 참여시키는 것에 대한 영국 정부의 정책을
뒷받침해 주며, 불이익의 순환이라는 개념과도 관련된다.

　불이익의 순환이라는 개념은 저소득 가정에서 태어난 아동은
생애 동안의 다양한 기회에서 심각한 영향을 받는다는 것을 의미
하는 것으로, 영국 정부의 슈어스타트(Sure Start) 프로그램의 목적
중 하나가 바로 이 예정된 순서를 깨뜨리고 '하위계층'의 자기복
제를 저지하는 것이다. 세대 간 빈곤에 대한 우려로 인해 아동 학습
을 강조하기 위한 정부 중심의 계획안과 가정의 문맹을 막기 위한
프로그램을 만들었는데, 여기에 기본기술기관(Basic Skills Agency)
이 선두적인 역할을 담당하였다(The National Literacy Trust, 2001).

　중재의 목적은 어느 단계에서든지 예정된 빈곤의 순환을 중단
시키는 것으로, 예를 들면, 주거환경을 개선하거나 가족붕괴를 예
방하는 것이라 할 수 있다. 미국과 영국 모두 주요한 정책 주제는

연구 인용문

사회적으로 혜택받지 못하는 가정에서 태어난 아동은 그들의 부모가 경험했던 유사한 문제를 겪을 위험이 더 높다는 것을 우리는 알고 있다. 이것을 불이익의 세대 간 순환이라고 한다. 이는 십 대 부모를 비롯해서, 보호시설에 있는 아동, 교육을 많이 받지 못한 사람, 반사회적 행동 및 범죄와 관련된 사람에게서 볼 수 있다.

Cabinet Office, 2006, p. 18.

바로 어린 자녀의 유치원이나 학교 경험을 향상시키는 초기 중재 전략을 통해서 세대 간 빈곤의 순환을 방지하는 것이 최상의 성과를 가져온다고 믿는 것이었다. 예를 들면, D'Addio(2007)는 "······ 유아기와 유치원, 학교에서 양질의 보호를 받는 것은 세대 간 이동을 촉진하는 필수적인 도구"라고 제안하였다. 미국의 헤드스타트 프로그램은 차후에 영국의 슈어스타트 프로그램의 발달에 영향을 미쳤고, 이 2가지 프로그램 모두 아동을 위한 조기 중재에 강조점을 두고 있다. 정책입안자들은 조기에 이루어졌던 효과적인 지원이 사회적 배제를 감소시키는 데 가장 큰 영향을 주었다고 판단하였으며, Glass(1999)는 슈어스타트 프로그램이 가진 핵심 특징을 공유해야 한다고 하였다.

- 두 세대(아동뿐만 아니라 부모를 포함시킴)
- 낙인 금지('문제 가족'이라는 꼬리표를 달지 않음)

- 다면성(광범위한 요소를 대상으로 함. 단지 교육, 건강, 양육만을 의미하지 않음)
- 일관성(실제 변화가 이루어지기까지 충분한 시간을 두고 지속함)
- 지역사회 중심(지역사회와 부모의 관계와 협의에 기반을 둠)
- 부모와 아동의 요구에 대한 문화적 적절성과 민감성

자녀의 교육에 참여하는 부모의 참여 수준은 다양하며, 어떤 가정은 도움이나 중재를 필요로 한다. 일반적인 조기 중재의 관점은, 부모와 가족을 위한 지원 제도는 결핍에 집중되어서는 안 되며, 어떤 부모는 다른 가정이 소유한 기술이나 지식이 부족할 수 있다는 전제 위에서 출발해야 한다.

문화적 및 사회적 자본, 부모 협회 그리고 가족의 지식 자본

1장에서 살펴본 바와 같이, 가족의 지식, 능력, 사회적 관계를 탐색하는 데 가장 자주 인용되는 이론 중의 하나는 문화적 · 사회적 자본이라는 개념이다. 이 개념은 교육에 참여하는 부모의 다양한 수준에 대해 분석할 때 많은 것을 알려 준다. 문화적 자본에는 부모나 양육자가 자녀에게 심어 준 가치와 다양한 관점이 포함되며(Bourdieu, 1986), 소설이나 비소설 도서, 컴퓨터처럼 가정에서 발견되는 책이나 물건에서도 반영된다. 문화적 자본은 가족구성원의 교육적 자질에도 반영된다. Bourdieu는 자녀가 양육되고 사회화되는 과정을 통하여 부모로부터 자녀에게로 문화적 자본이 무의식적으로 빠르게 전달된다고 보았다. 예를 들면, 부모는 자녀의 유아기 동안 이야기를 들려주거나, 동화책을 읽어 주면서 자녀에게 흥미를 제공할 수 있고, 이를 통해 자녀가 학교에 처음 입학할 때 읽고 쓰는 능력을 가질 수 있도록 탄탄한 기반을 제공한다. 반대로 사회적 자본은 가족이 형성한 연결 관계나 일련의 접촉관계를 의미하는데, 가족공동체의 일부나 폭넓은 네트워크의 일부가 되는 안면 있는 지인들, 단체의 복잡한 체계라고 할 수 있다. 사회적 자본은 단기간 혹은 장기간 직접적으로 사용할 수 있는 사회적 관계를 형성하는 데 시간과 에너지를 투자하는 가족의 산물이다.

Ball(2003)은 가족의 사회적·문화적 자본이 다양한 방식으로 결합될 수 있으며, 가족이 학교의 체계를 이해하는 데 도움을 줄 수 있다고 하였다. 예를 들면, 가족이나 친구가 교사인 부모는 학교에서 어떻게 글자를 가르치는지, 어떻게 숙제를 정리하는지에 대해 알 수 있다. 여기서 중요한 점은 빈곤한 가정은 이러한 학교 체계를 이해하는 지식이 부족하거나 이런 것들을 처리할 기술이 부족할 수 있기 때문에 교사와 상호작용할 때 불이익을 당할 수 있다는 것이다. Lareau(2000)는 미국의 2개 초등학교에서 노동자계층 가정의 자녀와 중산층 가정의 자녀를 대상으로 연구를 실시하였다. 연구결과 노동자계층과 중산층 부모가 학교와 상호작용하는 방식에는 큰 차이점이 있었다. 중산층 가정의 부모와 교사의

관계성은 상호연결로 특징지어진다(예: 부모는 당당하게 학교 복도
로 들어가고, 직원과 대화하며, 교실을 방문한다). 반면에 노동자계층
가정의 부모와 교사의 관계성은 거리감 혹은 분리로 특징지어진
다. Lareau는 부모가 교사와 대화할 때 부모의 직업적 신분이 교
사와의 상호작용 방식에 어떻게 관련되는지를 깊이 있게 탐색하
였다. 그 결과 노동자계층 부모는 교사에 대한 불안감, 수동성, 의
존감을 나타내는 것을 발견하였다. 이 부모들은 교사를 동등하게
대하고, 궁금한 사항에 대해 질문하며, 교사가 언급하거나 제시한
내용을 이해하는 자신들의 능력에 확신이 부족하였다. Lareau는
노동자계층과 중산층 사이의 차이는 부모가 교육의 가치를 어느
정도로 여기는지에 관한 차이가 아니라고 하였다. 두 계층 모두
교육의 가치를 동일하게 여긴다고 하였으며, 부모와 상호작용하
는 교사에 대한 차이도 아니라고 주장하였다. 두 학교에서 실시된
그녀의 연구에서, 두 학교의 교사 모두 부모참여에 대해서 각 부
모에게 동일한 요구를 하였다. 두 학교의 부모참여 유형이 다르다
는 것을 이해하기 위한 핵심은 두 학교의 부모집단이 그들의 행동
에 대한 관점과 다른 자원의 형태를 가지고 있다는 것, 즉 다른 수
준의 사회적·문화적 자본을 가지고 있다는 것이다.

　사회적·문화적 자본의 개념과 아주 밀접하게 연관되어 있으
며, 학교에 참여하는 부모의 다양성을 설명하는 데 도움을 주는
요인은 '부모 협회'(parental agency)다. Vincent(2001)는 사회적
계층과 부모의 자기 확신감, 그리고 '협회' 사이의 상호관계성에
대하여 탐색하였다. 그녀는 아동의 중등교육에서 부모의 역할을

연구하였는데, 중산층 부모와 노동자계층 부모가 교육에 대해 자신의 의견을 제시하는 것에 대한 확신을 비교하였다. 연구결과 Vincent는 부모들의 학교 참여 정도의 수준이 다르다는 것에 초점을 맞추었으며, 이것을 3가지 수준으로 분류하였다.

- 높은 참여: 높은 참여 수준을 보이는 부모는 학부모 간담회 이외에도 학교의 다양한 행사에 참석하고 학교와의 상호작용을 먼저 시도한다. 이런 유형에 속하는 부모는 교육에 관해 상당한 지식을 가지고 있는데, 대개 부모가 교육 분야나 이와 관련된 직업을 가지고 있는 경우가 많다.
- 중간 참여: 중간 참여 수준을 보이는 부모는 대개 학부모 간담회와 다른 한두 가지 상호작용 방법에는 참여하지만, 그 이외의 모임에는 참여하지 않는다. 필요한 경우가 아니면 학교와의 상호작용을 먼저 시도하지 않는다.
- 낮은 참여: 낮은 참여 수준을 보이는 부모는 학부모 간담회에 참여할 수는 있지만, 교사에 의해 시도된 것이 아니라면 학교와 최소한의 접촉만을 가진다.

Vincent는 부모참여의 다양한 수준을 결정하는 필수적인 요인은 사회적 배경이라고 결론지었다. "……중산층 부모는 교육 문제와 관련하여 자신의 의견을 제시하기 위해 사회적·문화적·경제적 자본의 자원을 요구할 수 있다. 하지만 행동하는 자신감이 부족하고 교육제도에 대한 지식이 부족한 노동자계층 부모는 전

문가에게 더 많이 의존하는 것 같다."(Vincent, 2001, p. 360)

　Vincent의 유형 분류체계는 Hoover-Dempsey와 Sandler(1997)와도 연관된다. 이들은 교육에서 부모참여의 다양한 수준을 설명하는 3가지 주요 구성 요소를 제안하였다. 첫째, '부모 역할 성립(parents' role construction)'으로, 이것은 자녀의 교육에서 성취하기를 기대하는 부모의 신념을 의미한다. 이는 부모가 자녀를 위해 중요하다고 여기는 활동의 기본적인 범위에 영향을 준다. 이들은 역할 성립에 대한 부모의 신념을 추후의 실천적인 참여를 이끄는 데 특별히 중요한 것으로 바라보았다. 둘째, 자녀가 학교에서 성공하도록 돕는 '효능성에 대한 부모 감각(parents' sense of efficacy)'으로, 이것은 부모가 참여를 통해서 자녀의 학업 성취에 긍정적인 영향을 행사하는 위치에 있다는 것을 그 자신들이 어느 정도 믿고 있는가를 의미한다. 셋째, '참여를 위한 일반적인 요청, 요구, 기회(general requests, demands, and opportunities for involvement)'는 그들의 자녀와 학교가 실제로 부모가 참여하기를 원하고 있는 것에 대한 부모 인식을 의미한다. 부모의 참여가 가치 있다고 부모가 인식하게 하는 요인은 부모참여가 중요하다고 하는 자녀의 명백한 확인과 의도적으로 부모를 초대하는 학교의 분위기, 그리고 부모참여를 공개적으로 환영하고 촉진시키는 교사의 행동이라고 할 수 있다. 하지만 학교에서 부모참여를 활발하게 하는 잘 기획된 프로그램이 존재하더라도, 부모역할 성립과 효능성에 대한 부모 감각이 없다면, 매우 제한된 성공밖에 거둘 수 없다고 하였다.

부모의 자신감과 자기 신념은 분명히 성공적인 부모참여의 중심이 된다. 교사와 전문가가 가족은 중요한 기술과 능력을 소유하고 있다는 인식을 가지는 것 또한 그러하다. Moll 등(1992)은 가족이 소유하고 있는 전문적인 지식에 초점을 두면서 애리조나의 멕시코인에 대한 연구를 실시하였다. '지식의 재원'이라는 용어는 역사적으로 축적되고 문화적으로 개발된 개인적 기술 혹은 가정에 필수적인 지식과 기술을 의미한다고 하였다. 이들은 가족구성원이 어려운 사회적·경제적 환경을 다루기 위해 그들이 가진 지식의 재원을 어떻게 사용하는지에 대해 관심이 있었다. 가정에서의 지식 재원에 대한 예로, 곡물을 경작하는 지식, 가축 사육 기술, 아동보호와 요리 등이 포함된다. Moll 등의 연구에서 발견한 결과 중의 하나는 가족이 교사에 의해 간과될 수 있는 지식의 깊이와 풍부한 기술을 소유하고 있다는 것이었다.

자녀를 도울 수 있다고 자신하는 부모가 자녀를 도울 수 있도록

연구 인용문

······지식의 재원을 분석한 결과 긍정적이고 ······학급 지도를 위한 대단한 잠재적 효용성을 가진 풍부한 문화적·인지적 자원을 보유하는 관점에서 가정을 바라본다. 이것은 ······사회적으로 약간 무질서하고 지적으로 부족한 것으로 여겨지는 노동자계층 가족에 대해 만연하고 용인된 인식과 현격히 반대된다.

Moll et al., 1992, p. 134.

부모를 지원해 주는 것이 Moll 등의 연구가 제시하는 핵심이다. 만약 학교가 가족구성원이 가지고 있는 관심과 능력을 인식하기 위하여 적극적인 과정을 거치고, 이러한 가족의 관심과 능력을 학교행사와 교육과정 속에 적용한다면, 부모가 자녀의 학습에 기여하고 있다는 것에 대한 부모의 확신을 향상시킬 수 있을 것이다.

학교 활동과 자녀에 대한 부모참여

　여기서는 학교 활동에 대한 부모참여를 시작으로 교육에 대한 가족참여의 다양한 유형에 대해 살펴볼 것이다. Williams 등(2002)은 초등학생과 중·고등학생 자녀를 둔 부모를 대상으로 한 설문조사에서, 학교 기금마련 행사를 지원하거나 교실에서 보조하는 것과 같은 활동의 정기적인 참여 정도에 대하여 부모에게 질문하였다. 〈표 2-2〉는 이 연구결과의 일부를 제시하고 있다.

　Williams 등의 연구는 학교 활동에 참여하는 부모들 사이에 뚜렷한 차이가 있음을 발견하였다. 이 연구에서 약 80%의 부모는 한 가지 혹은 그 이상의 학교 활동에 참여하고 있었다. 하지만 약 20%의 부모는 어떠한 활동에도 참여하지 않았다.

　부모 인식에 관한 또 하나의 연구로 Russell과 Granville(2005)은 스코틀랜드에서 교육에 참여하는 부모의 인식과 관련해 조사를 실시하였다. 참여한 부모들은 유치원부터 최근 학교를 졸업한 19세 청소년에 이르기까지 다양한 연령대의 자녀를 두었다. 이 연

| 표 2-2 | 부모의 초등학교와 중·고등학교 활동 참여(Williams et al., 2002) |

	자주 참여(기회가 있다면 언제든지)(%)	가끔(%)
교실에서 보조	9	12
학교에서 보조 (예: 도서실, 식사, 야외 활동)	15	18
모금 활동 참여	30	39
스포츠와 드라마 클럽 같은 특별활동 모임 보조	10	12
학부모 협의회 참여	13	16

구는 다양한 부모 연령, 다양한 가족 구성 형태(예: 편부모, 독자 등), 다양한 사회·경제적 수준, 다양한 지리적 위치(도시, 시골)에 해당하는 부모들을 참여시켰다. 연구결과, 부모참여의 유형이 다음과 같은 요인에 의해 영향받는다는 것을 발견하였다. 부모참여를 결정하는 핵심적인 요인은 자녀의 연령, 자녀가 속한 학교급(자녀들이 중·고등학교로 올라가면서 부모가 학교 활동에 참여하는 것도 현저히 감소한다), 시간과 노력(부모들은 많은 헌신과 노력이 요구되지 않는 학교 활동에 참여하는 것을 더 선호한다), 자녀의 요청(어린 자녀가 학교행사에 참여해 달라고 부모에게 요청할 때 더 잘 참여한다), 자녀를 위해 인지된 혜택(자녀에게 얼마나 유익이 되는지를 계산해 보아 유익이 더 클 때 참여한다)으로 나타났다.

앞서 언급된 바와 같이, 교육에서 부모참여의 유형은 아동의 연령과 아동이 속한 학교급에 중요하게 영향을 받는다. Russell과 Granville은 자녀가 어릴수록 부모는 자녀의 학습과 학교에서의

또래관계에 대해 더 많이 알기를 원하기 때문에 학교와 관계 맺게
되는 경우가 많으며, 초등학교에서는 부모가 등교할 때나 학교가
마치고 나서 자녀를 데리러 올 때 학교의 교사나 직원과 만나게
될 기회가 많다고 하였다. 하지만 자녀가 중학교나 고등학교에 진
학하면, 그 분위기는 달라진다. Russell과 Granville(2005)은 중학
교나 고등학교에서는 부모가 참여할 기회가 점차적으로 줄어든다
고 하였다. 자녀들이 성장할수록 부모참여가 감소되는 경향이 있
다는 것을 우리는 알고 있지만, 이것이 양육과 가족의 문제 때문
인지, 중·고등학교의 구조적 요소나 다른 분위기 때문인지, 아니
면 두 가지 모두가 복합해서 나타나기 때문인지는 확실하지 않다.
그러나 부모역할에 대한 최근의 연구에 의하면, 중학교나 고등학
교에서 부모참여가 감소하는 이유를 자녀의 교육에 대한 부모의
관심 부족으로 해석해서는 안 된다고 하였다. 이는 자녀가 성장해
가면서 부모가 자녀의 학습을 어떻게 지원해야 하는지에 관한 확
신이 부족하기 때문에 중학교나 고등학교에서의 접촉이 줄어들
수 있다고 하였다(Carpenter & Lall, 2005; Hill & Taylor, 2004).

부모참여는 자녀의 교육에 강하게 영향을 미칠 수 있다. 이러한
부모참여는 교사와 연락하고 직접 접촉하는 여러 형태를 수반할
수도 있는데, 예를 들면 부모가 교실에서 교사와 이야기하거나,
프로젝트 혹은 수업 주제와 같은 특정 교과의 부분에 대해서 담당
교사와 이야기를 나눌 수도 있다. 이러한 참여의 또 다른 예는 학
부모회에 참석하는 것이다. 효과적인 학부모회를 조직하는 것이
특히 중·고등학교에서는 어려울 수 있다. Power와 Clark(2000)

의 연구에서 부모들은 학부모회를 비생산적인 만남이라고 하며 이러한 행사를 조직하는 것에 비판적임을 발견하였다. 이러한 의견은 특히 영어로 의사소통이 어려운 부모와 학교에서 문제를 보이는 자녀를 둔 부모의 경우에 더욱 그러하였다. 학부모회에 대한 정부의 기준을 정한 웹 사이트(www.standards.dfes.gov.uk)는 이러한 비판에도, 학부모회는 교사가 부모와 의사소통하고 아동을 교육하며 동기화시키는 최선의 기회 중 하나라고 제안하면서 다음의 기준을 제시하였다.

● 학부모회를 조직할 때, 무엇이 성취되기를 원하는지 생각해 보고, 그것부터 시작하라.
● 학부모회는 쌍방 과정이다. 학부모회를 통하여 부모는 자녀가 학교에서 어떻게 생활하는지 알 수 있으며, 교사는 학생이 가정에서 어떻게 행동하는지 알 수 있다.
● 가능하다면 학부모회는 학기 초에 실시하는 것이 가장 좋다. 교사는 학기 동안에 무엇을 할지, 그리고 아동의 문제를 해결하기 위해 부모의 도움을 얻는 것에 대해 부모에게 설명하는 시간을 가질 수 있다.

부모는 학교 기반의 학부모회와 같은 공식적인 행사에 참석하는 것 외에도, 자녀의 학습에 참여함으로써 가정에서도 부모참여를 이룰 수 있다. 이것은 자녀가 책을 읽을 때 옆에서 들어 주고, 학교 시험을 함께 준비하며, 숙제를 도와주는 것과 같이 집중적이고 적극적인 지원으로 나타날 수 있다. Hughes와 Greenhough (2003)는 중학생의 숙제에 대해 조사하였는데, 교사가 내는 숙제는 학생의 가정환경에 매우 민감할 수 있다는 것을 발견하였다. 예를 들면, 어떤 가정은 너무 복잡한 문제를 가지고 있어서 아동이 가정에서 제대로 숙제를 마칠 수 없다는 것이다.

가정에서의 자녀 학습과 관련된 부모참여는 읽기나 셈하기 능력과 같은 학업기술 자체를 발달시키는 것이라기보다는, 오히려 학습자로서 자녀를 지원하는 가정 분위기를 조성하는 것이다. 1장에서 언급한 바와 같이, Desforges와 Abouchaar(2003)는 부모참여와 자녀의 학업 성취 간의 관련성에 대한 주요 문헌을 검토하였다. 부모의 자녀에 대한 가정 지원의 핵심은 자녀가 학습지향적인 자기 개념과 높은 학업적 자기 기대를 가질 수 있도록 하는 부모의 긍정적인 열망을 모델링하는 것이라고 하였다.

Russell과 Granville(2005)은 많은 부모가 Desforges가 제시한 것과 같이 가정에서 학습 지원을 제공하는 것이 중요하다는 것은 알고 있지만, 이러한 참여가 자녀의 학업 성취에 어느 정도 영향을 주는지에 대해서는 정확하게 알지 못한다고 하였다. 부모참여가 아동의 학습에 중요한 역할을 한다는 것을 알아내기 시작한 것이 최근임을 고려한다면 이것은 그리 놀랄 만한 일이 아니다. 가정에서 자녀에게 긍정적인 학습태도를 발달시킨 영향력이 학교에서 자녀의 진전을 향상시키는 데 직접적이고 상당한 효과를 가져다줄 수 있다는 것은 이미 주지된 사실이다.

연구에서 제시된 중요한 점은 비록 특정 요인이 부모의 참여 수

> **연구 인용문**
>
> ……부모참여는 가치와 기대의 모델링을 통해서 자녀에게 (학교에서 성적으로 평가되는 것처럼) 매우 중요한 영향력을 행사하는 것처럼 보인다. ……이것은 소위 '교육적 자기 도해(educational self schema)'라고 불리는데, 자녀는 학습자로서 스스로의 이미지를 형성하면서 부모의 가치와 기대를 내재화하는 것처럼 보인다.
>
> Desforges & Abouchaar, 2003, p. 51.

준에 영향을 미치는 경향이 있지만(예: 아동의 연령이나 학교급), 교사와의 관계에 대해서는 부모집단에 따라 차이가 존재한다는 것이다. 이것은 자녀의 교육에서 왜 어떤 부모는 참여가 낮고, 왜 어떤 부모는 학교에 참여하는 것을 어려워하는지에 대한 의문을 불러일으킨다. 이어서 이러한 문제와 관련하여 접근하기 어려운 부모의 개념에 대해 생각해 볼 것이다.

위험 요인과 '접근하기 어려운' 부모와 양육자

어떤 부모는 다른 부모보다 접근하기 더 어려운 것으로 여겨진다. Doherty 등(2004)은 '접근하기 어려운 가족'을 어떻게 정의내릴지 생각하면서, 소외되거나 취약한 집단에 대한 전문가의 인식에 관해 국가재단 교육조사(National Foundation for Educational

Research)를 실시하였다. 이 연구에서 인터뷰한 전문가들은 온 트랙(On Track) 프로그램에 참여하고 있는데, 이 프로그램은 극빈 지역에 설립된 조기중재 프로그램으로서, 4~12세의 장애위험 아동과 가족을 위해 범죄를 예방하고 감소시키기 위한 목적으로 마련되었다. 이 프로그램은 가정방문, 가정-학교 협력관계의 발달, 양육 훈련 및 지원 등을 포함한다. 초기 단계에 실무자들은 일부 '접근하기 어려운' 가족이 이 프로그램에서 제공하는 혜택을 받기를 꺼린다는 것을 알게 되었다. 전문가들은 이러한 집단을 3가지의 유형으로 제시하였다.

- 소수 집단: 전통적으로 대표적이지 못한 집단으로, 소외당하고 혜택을 받지 못하거나 사회적으로 배제되는 집단을 의미한다. 예를 들면, 소수민족 가족, 유랑자, 망명 신청자가 여기에 해당한다.
- 그물망 외부 집단: 간과된 사람, 보이지 않는 사람, 자신의 요구를 분명히 표현하지 못하는 사람을 의미한다. 이 유형은 법이나 서비스 제공자에게서 외부에 멀리 있는 사람, 혹은 서비스에 대한 접근을 보장받기에 충분히 다급하지 않은 사람을 포함한다.
- 서비스 저항 집단: 서비스 제공자와 관계 맺기를 원하지 않는 사람, 불신하는 사람, 불만을 가진 사람을 의미한다. 이 유형은 사회적 서비스 제공 기관의 서비스 제공자를 신뢰하지 않는 가족을 포함한다.

Doherty 등은 서비스의 개발과 계획 단계에서 가족과의 상담이 거의 이루어지지 않았다고 하면서, 그 이유가 접근하기 어려운 가족은 시간과 자원 면에서 비용이 크기 때문이라고 하였다. 비록 Doherty 등의 연구는 범죄 감소와 예방을 목적으로 하고 학교 외부의 서비스에 중점을 두었지만, 교사가 접근하기 어려운 부모와 어떻게 연락을 취하고 그들을 어떻게 정의 내릴지에 대해서 시사해 주는 바가 크다. 『모든 아동 문제: 학교를 위한 변화(*Every Child Matters: Change for Schools*)』(Department for Education and Skills, 2003d)에서 학교는 다양한 확대된 서비스를 제공하고, 부모 및 지역사회와 강한 유대감을 형성할 것을 요구하였다. 이에 따라, 접근하기 어려운 부모가 누구인지에 대한 정의가 보다 명확히 이루어지고, 지역사회 내에서 상담절차가 보다 중요하게 되었다. 이러한 소외된 집단에는 빈곤을 경험한 가족, 특정한 소수민족 출신의 부모, 자녀가 아닌 위탁보호아동을 돌보는 보호자, 장애아동의 부모, 피난민, 유랑 가족이 포함된다(Doherty et al., 2004; Moon & Ivins, 2004; Russell & Granville, 2005).

빈곤 가족

연구와 정책 문헌에서는 '접근하기 어려운' 집단을 이야기할 때, 소외를 촉발·유지시키는 요소로서 종종 빈곤을 언급한다. 빈곤에 대한 표준적인 정의는 없지만, Palmer 등(2006)은 소득세와 주거비를 공제한 이후의 소득이 평균가계소득보다 60% 이상 낮

으면 빈곤한 삶을 사는 것으로 정의한다고 하였다. 2004~2005년
에는 4인 가족(부부 2명과 자녀 2명) 기준으로 주급이 268파운드(역
자 주: 원화로 약 46만 원 정도)보다 적은 경우를 빈곤소득 수준으로
정하였다. 소득세와 주거비를 공제한 이후에 남은 액수는 음식,
난방, 여행, 오락과 같은 그 밖의 필요한 모든 일에 소비하게 된다.

영국은 15개국의 연맹 이전 국가들(2004년까지 유럽연합에 가입
된 나라들) 중에서 아홉 번째로 저소득 인구의 비율이 높았다. 또
한, 부자와 가난한 사람 간의 격차가 심하였다. 영국에서는 지난
10년 동안, 상위 10% 부자의 소득이 가장 많이 증가하였으며, 반
면에 하위 10%의 소득은 가장 낮게 증가하였다. 이전에는 학교나
관련 기관이 부모 중 1명 또는 2명 모두 직장을 가지고 있다면 자
녀를 양육할 정도의 충분한 자원이 있는 것으로 생각하였다. 하지
만, 오늘날에는 이러한 기준이 적합하지 않으며, 고용 자체가 가
족을 반드시 빈곤에서 보호해 주는 것은 아니라고 할 수 있다. 저
소득 가정의 2/5에 해당하는 아동은 적어도 부모 중 1명 이상이 유
급 근로자인 부부에게서 양육된다(Palmer et al., 2006). 또한, 직장
에 전념하는 것은 사실상 부모가 자녀의 교육에 참여하는 것을 방
해할 수 있다고 연구결과에서는 지적하였다(Williams et al., 2002).
특히 장시간 일하고 저임금인 직업을 가진 부모의 경우는 학부모
회와 같은 학교행사에 참여할 수 있는 기회를 가지는 것이 어렵다.
연구에서 자주 제시되는 빈곤에 따른 부모참여의 또 다른 장벽은
바로 어린 자녀를 둔 부모가 자녀를 안전하게 보호(childcare)하는
것과 이에 대한 비용을 지불하는 데 어려움이 있다는 것이다

(Williams et al., 2002; Moon & Ivins, 2004; Russell & Granville, 2005).

조지프 라운트리 재단(Joseph Rowntree Foundation)의 '교육과 빈곤(Education and Poverty)' 프로그램은 빈곤한 환경에서 성장한 아동이 학교에서 성공적으로 수행하지 못할 수 있다는 것을 우려하였다. 이 재단의 목적 중 하나는 빈곤과 불이익의 원인을 규명하고, 해결책을 강구하며, 이와 관련된 정부정책과 실천방향에 영향을 미치는 것이다(www.jrf.org.uk). 지난 수년간 정부는 저소득 문제를 해결하는 일이 필연적임을 인지하고 있었다. 빈곤은 사회적 소외의 원인일 뿐만 아니라 결과로 인식되고, 아동의 학습과 발달에 심각한 영향을 준다. 영국의 정책입안자들은 이와 관련된 많은 연구를 검토하였으며, Peter Mittler와 같은 저명한 학자들의 견해도 고려하였다. Mittler(2000)는 빈곤이 자녀의 교육에 긍정적으로 참여하는 가족의 능력을 손상시킨다고 역설하였다. 또한 그는 경제적으로 취약한 것과 빈곤의 상황은 가족에게 상당한 어려움을 야기한다고 하였다.

영국의 정책입안자들은 빈곤이 낮은 학업 성취와 관련되어 있다는 것을 인식하면서, 영국 정부는 보다 공정하고 통합적인 사회로 나아가기 위해 2020년까지 빈곤 아동을 근절하는 것을 목표로 삼고 있다(HM Treasury, 2005).

연구 인용문

빈곤은 부모와 보호자에게 스트레스와 걱정을 야기하고, 자녀들과 함께 할 수 있는 시간을 제공해 주지 않으며, 자녀의 학습을 촉진시키기 위해 학교와 협력할 수 있는 기회를 갖지 못하도록 한다. 빈곤은 영양과 건강 상태에 중요한 영향을 미치기 때문에, 빈곤 상황에서는 질병과 사고의 취약성이 고조된다. 빈곤은 일반적으로 기준 미달의 주거환경과 자녀가 자신만의 공간을 가질 수 없는 과도밀집으로 연결된다.

Mittler, 2000, p. 49.

소수민족집단의 부모

부모참여에 영향을 주는 또 하나의 요인은 민족적인 것으로, 학교는 다양한 배경과 문화에서 온 아동들이 실제로 학교에서 잘 적응하고 있는지를 어떻게 확신할 수 있는가 하는 문제에 직면하고 있다. 특정 소수민족 아동의 학업 성취는 유난히 저조한데, 특히 방글라데시, 파키스탄, 아프리카-캐리비언 민족이 그러하다. 영국에서는 소수민족집단 아동의 학업에 대한 우려가 수년 동안 제기되어 왔다. Gillborn과 Mirza(2000)는 방글라데시, 파키스탄, 아프리카-캐리비언 아동을 불리한 위치에 둔 GCSE(역자 주: 중등교육검정시험)의 성취도에 대해 불평등을 주장하였다. 5년 뒤 Carpenter와 Lall(2005)도 이와 유사한 의견을 제시하였는데, 이들은 "1980년대 후반 이후로 전반적인 표준이 향상되었지만, 여전히 백인 아동과 방글라데시, 파키스탄, 아프리카-캐리비언 아동 사이에는 성취도의 불균형이 존재한다.”(p. 4)고 하였다. 그러나 Mongon과 Chapman(2008)이 실시한 최근의 문헌연구에서는 일부 백인 아동의 성적이 뒤떨어졌다고 하였는데, 이러한 결과는 사실 별 의미가 없다. 왜냐하면 이러한 결과는 영국의 저소득 학생의 학습부진에 관한 분석에서 나타난 것으로, 낮은 학업 성취를 가진 백인 아동은 학교에서 최저 성적을 나타내며 무료급식(빈곤을 나타내는 데 가장 널리 사용됨)을 받는 아동이었기 때문이다.

영국에서 Gill Crozier는 흑인과 소수민족 부모가 교육에 참여하는 것에 관해 광범위하게 연구하였다. 그녀는 교육전문가들 사이에는 중요한 전제가 존재한다고 하면서, 그 전제란 모든 부모는 동일하며, 그들의 자녀도 동일한 방식으로 대우받을 필요가 있다는 주장이었다. 하지만 그녀는 부모참여에 대한 이러한 ‘천편일률적(one size fits all)’ 접근이 소수민족 부모의 역할을 모호하게 하고, 그들의 참여를 제한시키며, 그들이 가지는 요구의 복잡성을 이해하기 어렵게 만든다고 하였다. Crozier는 가족을 참여시키겠다는 학교의 정책이 부모들 사이의 민족적 다양성을 인정하지 못한다면, 참여자와 비참여자 사이의 격차만 더 크게 벌어질 것이라고 주장하였다(Crozier, 2001).

Crozier(2004)는 영국의 북동부 지역에 거주하는 방글라데시 가족과 파키스탄 가족을 대상으로 2년에 걸친 프로젝트를 실시하였다. 이 연구에 따르면, 대부분의 방글라데시 부모는 영국에서 교육을 받지 않았으며, 어머니는 거의 영어로 의사소통할 수 없었

고, 교육체제에 대해서도 잘 모르고 있었다. 예를 들면, 어떤 부모
는 학교에서 이루어지는 평가 방법에 대해서 잘 알지 못하였다.
유아를 둔 어머니는 학교와 더 많이 접촉하려는 경향이 있었지만,
초등학교 및 중·고등학교 교사와 방글라데시 부모 사이에는 제
한된 접촉만이 있을 뿐이었다. 이러한 제한된 접촉 또한 학교에
의해서 주도된 것이었고, 일반적으로 아동의 징계 문제에 대한 것
이었다. 오직 극소수의 방글라데시 부모만이 자녀의 교육에 직접
적인 역할을 하였다. 그들은 부모의 책임이 가정에서 아동을 지원
해 주고, 자녀에게 격려를 제공하는 것이라고 생각하였다. 반면,
파키스탄 부모는 학교 체제에 대한 이해가 보다 발달되어 있었다.
그들은 초등학교에 다니는 자녀의 학교 경험에 대해서는 대체로
만족하고 있었지만, 중·고등학교에 대해서는 비판적이었고, 특
히 그들의 대다수는 중·고등학교 교사가 자신들의 자녀의 학업
성적에 대해서 낮은 기대를 가지는 것에 우려를 나타내었다.

　Crozier는 이러한 부모와 접촉하는 중·고등학교 교사가 비인
격적인 경향이 있었으며, 부모와 주로 서면을 통해 의사소통하는
경향이 있다고 하였다. 많은 방글라데시 부모와 일부 파키스탄 부
모는 학교에서 가정으로 보낸 가정통신문을 읽을 수 없었다. 또한
이들 가정에서는 대가족 구성원이 아동의 교육에 중요한 역할을
하고 있었지만, 교사는 그들의 역할에 대해서는 부모의 역할만큼
인정하지 않고 있었다. 교장선생님은 방글라데시 부모가 학교와
잘 접촉하지 않으려 한다는 것을 확신하고 있었으며, Crozier는
이에 대해, 교장선생님은 방글라데시 부모의 참여가 직접적으로

자신들의 시야에 보이지 않았기 때문에 방글라데시 부모는 자녀의 교육에 관심이 없는 것으로 추정하고 있음을 언급하였다.

일부 소수민족 부모는 교육제도에 만연한 불평등을 직접적으로 언급하고 이를 개선하기 위한 단계를 밟기도 하였다. Reay와 Mirza (2005)는 방과 후 학교와 주말 학교를 운영하는 4개의 보충학교 (supplementary schools, 런던 지역 3개, 그 외 지역 1개)에 마련된 아프리카-캐리비언 민족의 사례를 발표하였다. 부모(대부분 어머니)는 그들과 그들의 자녀가 학교에서 경험하는 인종차별에 대한 우려와 교사의 낮은 기대 때문에 자녀에게 보강교육을 제공하고 있다고 하였다. Reay와 Mirza는 보충학교가 대개 여성에 의해 운영되고, 보충학교의 역사는 전후 이민자 1세대가 영국에 정착한 때인 1950년으로 거슬러 올라간다고 하였다. Reay와 Mirza는 런던 지역에서만 흑인들을 위한 60개의 보충학교를 발견하였다.

Reay와 Mirza의 연구에서 예상치 못한 발견은, 교과목을 선정할 때 보충학교를 운영하는 흑인 교육자와 그 학교에 자녀를 둔 부모 사이에 의견 충돌이 존재한다는 것이었다. 어머니는 영어와 수학 같은 기본 교과목을 강조하기를 원하는 반면, 흑인 교육자는 흑인 역사, 흑인연구, 무용과 드라마 같은 보다 창의적인 부분을 포함하는 광범위한 교과목을 선정하기를 원한다는 것이다.

아프리카-캐리비언 부모와 학교 사이에는 긍정적인 관계 형성이 어려울 수 있다는 징후가 '기대를 높게(Aiming High)' 프로젝트의 평가에서 나타났다. 이것은 30개 중·고등학교에서 실시된 아프리카-캐리비언 학생의 학업 성취를 향상시키기 위한 정부의 프로젝트다(Tikly et al., 2006). 이 프로젝트에 참여한 많은 학교는 부모참여를 가장 어려운 영역으로 생각하고 있었다. 가족의 관점을 조사해 보니, 아프리카-캐리비언 부모는 흑인이 영국의 학교 교육에서 인종차별을 경험했다는 부정적인 인식을 가지고 있었다. 또한 학교가 일관성이 없고 부모와 부족한 의사소통을 보인다는 부모의 우려가 있었다. 예를 들면, 부모는 자녀의 학업이나 행동에 관한 중요한 정보를 늦게 전달받는 것에 대해 불만을 표시하였다. 하지만 프로젝트에 참여하고 있는 학교는 교사와 부모 간의 의사소통을 원활하게 하기 위하여, 일일 알림장뿐만 아니라 전화, 이메일, 문자를 활용한 효과적인 의사소통 전략을 발전시켰다.

　Moon과 Ivins(2004)는 아프리카계 흑인, 캐리비언 흑인, 파키스탄, 방글라데시, 혼혈인종의 부모와 보호자의 의견을 조사하였는데, 특히 자녀의 숙제를 도와주는 것에 관한 부모의 자신감에 대하여 조사하였다. 연구결과 파키스탄과 방글라데시 배경의 부모 중 약 1/3이 자신감이 부족하다고 응답하였다. 그 이유는 영어가 모국어가 아니기 때문에 자녀의 과제를 이해하는 데 어려움이 있다는 것이었다. 스스로 학교에 잘 참여하지 않는다고 생각하고 있는 소수민족집단의 부모들에게 어떻게 참여하고 싶은지를 물어보았을 때, 이들은 교사와 대화하고, 교실에서 보조해 주며, 학교 행사에 기여할 수 있는 더 많은 기회를 가지기를 원한다고 응답하였다.

위탁보호아동의 보호자

학교에 대한 참여가 낮다고 여겨지는 또 하나의 집단은 위탁보
호아동(looked-after children)의 보호자다. 정부 보고서인 『돌봄
문제(*Care Matters*)』(Department for Education and Skills, 2006)는
보호 중인 아동의 낮은 교육의 질에 대한 '충격적인 통계'를 제시
하였는데, 이를 통해 장기적으로 아동에게 막대한 손실을 미칠 것
으로 예상하였다. 2005년에는 보호 중인 아동의 11%만이 GCSE
(중등교육검정시험)에서 5등급을 받았는데, 이는 전체 아동의 56%
와 비교되는 것이다. 이 아동의 경우에는 교육의 모든 단계에서 유
사한 학업 격차가 존재하였다. 보호 중인 아동에 대한 초기 보고
(Department for Education and Skills, 2003a)에서는 극명한 결과를
보여 준다(〈표 2-3〉 참조).

| 표 2-3 | 영국의 위탁보호아동에 대한 통계
(Department for Education and Skills, 2003a)

- 한 번이라도 위탁보호아동에 포함된 아동의 수는 약 6만 명이다.
- 위탁보호아동의 단지 1%만이 대학에 진학한다(모든 졸업생의 대학 진학률
  이 40~45%인 것에 비해서).
- 약 25%의 위탁보호아동이 특수교육 서비스를 받는다(모든 아동의 약 3%에
  비해서).
- 흔히 생각하는 것과 반대로, 아동의 대다수(80%)는 아동 자신의 행동 때
  문이 아니라 학대나 방임, 다른 가정사로 인해 보호시설에 보내진다.
- 위탁보호아동의 약 66%가 위탁시설에 거주하고, 10%만이 자신의 집에 거주
  한다.

앞서 언급한 바와 같이, 위탁보호아동의 학업성적은 매우 저조
한데, 어떤 연구는 위탁보호아동의 보호자(사회사업가, 위탁부모)
와 학교 간의 관계에 관심을 가진다. 대부분의 아동은 부모에게서
일관성 있는 지원과 든든한 성원을 받는다. 아동은 자신을 옹호해
주고 자신 가까이에 있는 성인에게 의존할 수 있다는 것을 안다.
하지만, 이것은 위탁보호아동에게는 적용되지 않을 수 있는데, 이
들의 생애에는 가까이에서 일관적으로 이들을 지켜 줄 성인이 부
족한 경우가 많다. 그래서 교육기술부(Department for Education
and Skills, 2006)는 위탁보호아동에 대한 책임을 맡고 있는 사회복
지사가 보호 중인 아동에 대해 강력하고 유력한 옹호자로서 행동
하는 데에는 한계가 있다는 것을 교사가 인식하는 것이 중요하다
고 하였다.

사회복지사가 아동과 청소년을 위한 효과적인 옹호자로 역할
하기 어려운 데에는 여러 가지 이유가 존재한다. 사회복지사는 아
동에 대한 부모 역할의 책임을 맡지만, 교체가 자주 이루어지기
때문에 일관성 있는 부모로서 행동할 능력이 실제적으로 약화된
다. 교육기술부(Department for Education and Skills, 2006)는 위탁
보호아동에 관한 설문조사에서, 조사에 참여한 지방 당국의 절반
이상이 사회복지사의 모집과 유지에 어려움이 있다고 하였다. 이
는 사회복지사가 아동 및 청소년과 직접 연결되어 일하는 데에 있
어 복잡한 체계의 어려움으로 인해 이들의 불만이 발생하기 때문
이라고 하였다.

Harker(2004)는 사회복지사와 교사 간의 효과적인 연락을 약화

시킬 수 있는 또 하나의 장벽으로 우선순위에 충돌이 있다는 의견을 제시하였다. 사회복지사는 과중한 업무로 인해 아동과 청소년의 심리적 및 신체적 요구에 관한 우선적인 걱정과 배치문제보다 교육을 우선순위로 바라볼 수 없다는 것이다. 반대로 교사는 학생의 학업성적을 올려야 한다는 부담감 때문에 위탁보호아동과 관련해 사회복지사와 교류하고 접촉하여 연락할 시간이 없다고 하였다.

정부의 『돌봄 문제: 변화의 시대(*Care Matters: Time for Change*)』 (Department for Education and Skills, 2007a)에서는 보호 중인 아동과 청소년에 대한 성취를 향상시키기 위해 여러 단계를 설정하였는데, 여기에는 학교가 위탁보호아동을 위해서 '전담교사'를 지정하자는 제안이 포함되어 있다. 이러한 전담교사는 위탁보호아동의 학습(적절한 학습법과 교수법의 보장)을 담당할 뿐만 아니라 원만한 가정-학교 연계를 촉진하기 위해 아동의 보호자와 연락하는 역할을 맡게 된다. 『돌봄 문제: 돌봄에서 아동을 위한 전달의 시대 (*Care Matters: Time to Deliver for Children in Care*)』(Department for Education and Skills, 2008)에서는 전담교사의 역할이 법으로 정해질 것이라는 환영할 만한 발표가 있었다.

학교와 위탁보호아동의 보호자 사이에서 가장 우려되는 문제 중의 하나는 상세한 정보의 이용 가능성에 대한 부족이다. Jacklin 등(2006)은 보호시설에 배치된 아동의 수가 갈수록 많아지고 있지만, 신뢰할 만한 기록이 유지되지 않는다고 하였다. 위탁보호아동 증가에 관한 연구에서, 지방 당국이 책임져야 하는 아동이 누구인지 분명하게 알지 못한다는 문제점이 드러났다. Jacklin 등은 한 지방 당국의 경우 교육에서는 위탁보호아동으로 확인되지만, 사회서비스에서는 확인되지 않으며, 또한 학교가 가정통신문을 가정에 보낼 때 수신인을 누구로 해야 하는지 확인하는 것도 어렵다고 하였다. 이러한 결과는 복지제도 내에서는 교육에 대한 인식이 낮고, 반대로 교육제도 내에서는 복지에 대한 인식이 낮음을 보여주고 있다.

장애아동의 부모

장애아동의 부모참여에 관한 많은 연구는 의사나 심리치료사와 같이 아동을 진단하고 평가하는 책임을 가진 전문가와 부모와의 관계를 강조한다. 하지만 장애아동(학령기 아동)의 부모와 교사와의 관계에 관한 자료는 많지 않다. 그러나 장애아동의 부모가 교사나 전문가들과 관계를 맺는 것에 상당한 어려움을 경험한다는 것이 점점 인식되고 있다. 회계감사위원회(2002)의 보고서인 『특수교육 요구: 통합 이슈(*Special Educational Needs: A Mainstream Issue*)』에서는 부모와의 협력에 대한 책임을 맡고 있는 담당자에게 어떠한 부모가 접근하기 어렵다고 생각되는지를 질문하였다. 응답이 가장 높게 나타난 것은 소수민족집단으로 영어를 모국어로 사용하지 않으면서 특수교육이 필요한 아동의 부모라는 응답이 응답자의 거의 2/3를 차지하였다. 영국 정부의 『특수교육 요구 실천강령(*Special Educational Needs Code of Practice*)』(Department for Education and Skills, 2001)에서는 부모가 장애아동을 지원하는 결정적인 역할을 한다는 것과 전문가(교사를 포함해서)가 부모와 적극적으로 협력해야 한다는 것을 강조하고 있다. "부모는 아동에 대한 핵심적인 정보를 가지고 있으며, 자녀의 교육에 결정적인 역할을 한다. 부모는 아동이 필요로 하는 것이 무엇인지와 어떻게 지원해 주는 것이 가장 최선인지를 전문가가 알 수 있도록 공유해 줄 수 있는 지식과 경험을 가지고 있다."(Department for Education and Skills, 2001, Section 2, p. 2)

『특수교육 요구 실천강령』에서는 부모와의 적극적인 협력관계를 권장하고, 부모참여를 가로막는 장벽을 조성하지 않도록 보장하는 정책을 학교가 정기적으로 검토할 것을 추천한다. 다음은 부모와 의사소통하고 협력할 때 요구되는 핵심 원칙들이다.

- 부모에게 친숙한 정보를 제공하고, 이해하기 쉬운 절차를 발달시키기
- 부모가 아동의 학습을 지원하기 위해 무엇을 할 수 있고 없음을 추정하지 않기
- 자녀의 요구로 인해 부모가 어려움을 가지고 있음을 염두에 두기

장애아동을 둔 가족과 학교가 협력적인 관계를 형성하는 데 영향을 미칠 수 있는 중요한 요인 중 하나는 빈곤이다. Buchanan 등(2004)은 장애아동의 가족은 저소득층에 해당하는 경우가 많기

때문에 빈곤과 사회적 소외를 경험할 위험이 크다고 하였다. 장애아동의 부모는 비장애아동의 부모보다 정규직에 취업한 경우가 훨씬 적다. 그리고 비록 장애급여가 가족의 소득원이 될 수는 있지만 중증의 장애아동을 양육하는 경우에는 양육비가 비장애아동 양육비의 3배까지 되는 경우가 많아, 장애급여 자체로는 충분한 소득원이 되지 못한다. 또한, 장애아동을 위한 적절한 보호기관을 이용하는 것은 비용이 많이 들고, 또 찾는 것도 쉽지 않다. 이러한 환경은 부모가 학교의 행사에 참여하고 교사와 협력하는 데 영향을 미칠 수 있다.

　경제적 요인 이외에도, 다양한 요인이 장애아동의 부모와 교사 간의 바람직한 의사소통을 방해한다. 하원위원회(House of Commons Committee, 2006)에서는 정책과 절차의 복잡성이 부모와 교사가 관련 정책과 절차를 이해하는 데 어느 정도의 어려움을 주는지를 조사하였다. 이것은 의심할 여지도 없이 학교와 부모 사이의 의사소통에 영향을 주는 것으로 나타났다. 또한, 어떤 장애아동이 일반학교에 다니기 위해 버스나 택시로 이동한다면, 이것은 가족-학교의 협력에 영향을 미칠 수 있다. 또, 어떤 아동은 의사를 만나기 위해 자주 병원을 방문해야 하기도 한다.

　Beveridge(2005)는 대부분의 부모가 어느 시점에 이르면 자녀를 옹호하기 위해 어떠한 주장을 펼칠 때가 있는데, 장애아동 부모의 경우 그러한 필요성이 보다 강조된다고 하였다. 이것은 특히 통합교육을 받는 경우에, 지방 당국에 의해 제공되는 서비스의 형태와 단계가 적절한지에 대해 문제를 제기할 필요가 있을 때 나타난다. 정부 보고서인 『성취를 위한 장벽의 제거(*Removing Barriers to Achievement*)』(Department for Education and Skills, 2004e)에서는 부모와 전문가 사이에 형성될 수 있는 불신의 문화를 언급하였는데, 이는 부모가 자녀의 지원을 위해 '싸워야 한다'는 생각을 가지게 될 때 비롯된다고 하였다. 분명히 이것은 학교와 가족의 신뢰관계 발달을 저하시킬 수 있고, 전문가가 이러한 부모를 더 접근하기 어려운 부모로 느끼도록 하는 데 영향을 미친다.

어떤 부모는 다른 부모보다 더 자녀를 옹호하고 지방 당국과 학교에 더 효과적으로 참여하는 경우가 있다. 감사 위원회(Audit Commission, 2002)는 장애아동의 부모가 학교와 지방 당국의 담당자에게 이의를 제기할 만한 지식이나 자원, 자신감이 없는 경우 아동의 필요를 잘 충족시키지 못하는 것 같고, 풍부한 서비스를 보장받지 못하는 것 같다고 하였다. 학습과 의사소통에 심각한 어려움이 있는 아동과 자폐성장애아동을 포함하여 장애아동을 양육하는 부모가 얼마나 많은 스트레스를 경험할지는 당연히 예측할 수 있다. 다양한 장애를 가진 아동의 가족에 관한 국제적 연구를 살펴보면, 심각한 수준의 정서적 부담감, 부부의 높은 이혼율, 부모의 정신건강문제와 우울증을 보여 주고 있다(Dyson, 1993; Wallander & Varni, 1998). 무엇보다도 장애아동 부모에게 가장 어려움을 주는 요인은 아동의 문제 행동과 관련되어 있다(Besag, 2002; Saloviita et al., 2003). 이러한 문제로 인해, 장애아동의 가족이 학교와 일관된 관계를 유지할 충분한 시간과 에너지를 갖지 못하는 것은 이해할 만하다.

망명 신청자와 난민들

영국 정부 보고서 『기대를 높게: 망명 또는 난민 아동의 안내 교육 지원(*Aiming High: Guidance on Supporting the Education of Asylum Seeking and Refugee Children*)』(Department for Education and Skills, 2004a)에서는 망명 신청자를 본국을 떠나 다른 나라에서 난민의 지위를 가지고 정부에 망명을 지원한 사람이라고 정의한다. 일반적인 이민자와 다른 점은, 난민은 본인의 선택으로 고향을 떠난 것이 아니라 대개 본국에서 강제적으로 추방당하거나, 시민전쟁과 같은 폭력적인 환경에 의해 난민이 되었다는 점이다(McBrien, 2005). 이러한 가정이 공식적인 UN의 난민에 대한 정의에 부합한다는 것을 정부가 인정하고 그 가족이 실제 박해를 받을 만한 불안을 가졌다고 정부가 결정하면, 그 가족은 난민으로 인정된다. 영국에서는 망명 신청 아동이나 난민아동의 경우 16세까지 교육을 받을 수 있는 자격이 주어진다.

교육표준청(Office for Standards in Education, 2003)은 망명자와 난민아동을 수용하는 많은 학교가 지역사회에서 통역가를 찾는 데 적극적이며, 부모가 환영받을 수 있도록 노력하고 있다고 하였다. 이러한 학교는 단지 아동의 교육과 그들의 자격에 대해서만 알려 주는 것이 아니라, 무료급식 등 지역사회에 있는 편의시설에 대해 알려 주는 데에도 관심을 기울인다고 하였다(Office for Standards in Education, 2003, p. 11). 영국 중부지방에 위치한 한 학교는 성인 영어교실과 가족을 위한 읽기 프로그램을 포함해서 망명 신청자와 난민 부모를 위한 일련의 적응 행사와 활동을 운영하고 있다. 또 다른 학교는 직원과 부모, 아동 사이의 효과적인 의사소통을 위하여 새로 온 가족의 언어를 사용할 수 있는 이중 언어 보조교사를 채용하기도 한다.

망명 신청자와 난민 부모에 대한 문헌은 학교에서 가정으로 전해지는 혜택에만 중점을 둔 것은 아니다. 반대로, 망명 신청자와 난민 가족에게서 학교로 전해지는 혜택에 대한 보고도 있다. Reakes와 Powell(2004)은 학교에서 망명 신청자 자녀들의 증가가 학교의 문화적 풍요와 다양성에 기여할 수 있었다고 하였으며, 교육표준청(Office for Standards in Education, 2003)은 많은 망명 신청자 자녀가 부모의 적극적인 지원으로 인해 상대적으로 짧은 기간 동안 빠른 적응을 나타내었다고 보고하였다.

Crozier는 소수민족 부모를 획일적으로 대하는 태도에 대해 우려를 표명하였는데, 이러한 우려는 망명 신청자와 난민 가족의 경우도 마찬가지로, 망명 신청자와 난민 가족 모두가 유사한 필요와 요구를 가진 동질집단인 것처럼 인식되고 반응할 수 있다는 위험성에 대하여 언급하였다. Milbourne(2002)는 영국에서 2개의 빈곤 도시 지역을 조사하였는데, 비영어권 여성과 아동, 그리고 문화적으로 소외된 다른 지역, 즉 벵골, 소말리아, 터키, 아프가니스탄, 코소보 지역의 망명 신청자와 난민을 대상으로 연구하였다. 그녀는 접근하기 어려운 집단이 모두 동일한 것은 아니라고 강조하였다. 가족들은 다양한 지역사회와 문화에서 왔으며, 다양한 언어로 의사소통하기 때문에 교육에 대한 경험과 기대는 상당히 다를 수 있다고 하였다. 유사한 결과가 웨일스 지역의 망명 신청자에 대한 연구에서도 나타났는데(Reakes & Powell, 2004), 특수교사는 망명 신청자 자녀의 개별적 요구를 고려하여야 한다고 강조하였다.

연구 인용문

사람들은 망명 신청자들을 동질집단이라고 생각하지만, 그들은 다양한 배경, 다양한 나라에서 온 사람들이다. ……그들은 다양한 국적을 가지고 있고, 다양한 문화와 종교, 그리고 다양한 정서적 경험을 가지고 있다.

Reakes & Powell, 2004, p. 22.

망명 신청자와 난민 가족이 새로운 나라에 처음 도착했을 때, 그들이 직면하는 도전은 엄청나다. Russell과 Granville(2005)에 따르면, 망명 신청자와 난민은 지방 당국의 서비스와 학교에 관한 필수적인 정보가 부족하고, 이러한 정보를 어디에서 신청할 수 있는지도 잘 알지 못한다. 이것은 극심한 사회적 소외를 초래할 수 있고, 결국 학교가 부모와 관계 맺는 것을 어렵게 할 수 있다. Russell과 Granville은 망명 신청자와 난민이 사회적으로 소외 지역에 거주하면서, 학교와 굳건한 유대관계를 형성하는 데 상당한 어려움을 경험할 수 있다고 하였다. 이러한 상황은 왜 망명 신청자와 난민 가족이 학교 활동에 일관성 있게 참여할 수 없는지를 설명해

준다.

현재 대다수의 망명 신청자와 난민아동은 영어를 전혀 말하지 못하거나 아주 조금만 말할 수 있고, 이들에게는 학교가 영어를 처음 경험하는 장소가 될 수도 있다. 언어의 문제는 학교와 가족의 효과적인 의사소통을 방해하는 주요 장벽이 될 수 있으며, 이는 수많은 사람들에 의해 언급되었다.

일단 망명 신청자나 난민아동이 학교에 들어오게 되면, 그들은 새로운 상황에 빨리 적응한다. 그러나 이러한 적응은 가정에서 경험하게 될 어려움을 숨길 수 있다. McBrien(2005)은 난민아동이 영어를 배우게 되면, 언어적인 측면에서 그들의 부모를 책임져야 하고, 부모가 의사나 교사와 같은 전문가를 만날 때 통역을 하는 등 성인의 역할을 떠맡도록 요구받을 수 있다고 하였다. McBrien은 새로운 나라의 문화와 언어를 배우는 데 부모가 자녀보다 뒤쳐지기 시작하면 부모와 자녀 사이에 '문화적 부조화'가 발생할 수 있으며, 이것은 세대 간 가족 갈등을 유발할 수 있다고 경고하였다.

유랑 아동의 부모

유랑자라는 용어는 생활방식이 유목민이나 준유목민인 집단을 묘사할 때 사용된다. 영국에서는 웨일스, 스코틀랜드, 영국 전통을 지닌 집시(Gypsies/Rommanies), 아일랜드 전통의 유랑자와 집시, 동유럽과 중앙유럽 출신의 집시, 장터 가족(fairground families), 뉴에이지 유랑자, 서커스 가족, 배 위에서 생활하는 가족이 포함된다(Bhopal, 2004; Department for Education and Skills, 2005a). 그러나 유랑자라는 용어는 문제가 있으며 혼란을 야기할 수 있다. 인종평등위원회(www.cre.gov.uk)에 의하면, 어떤 집단은 이동을 많이 하고, 직업을 얻기 위해 한 장소에서 다른 장소로 옮겨 다닐 수 있지만, 어떤 사람은 아주 제한된 기간에만 여행을 하고 다시 겨울철을 보내기 위해 본고장으로 돌아온다. 게다가 대다수 집시와 아일랜드 유랑자는 지방 당국의 허가 아래 카라반(역자 주: 트레일러 하우스 같은 것)에 살거나 사유지(도로가에 소규모로 거주하거나 합법적 장소가 부족하여 허가받지 않은 야영지에 거주)에 살지만, 어떤 집시와 아일랜드 유랑자는 영구적으로 사유 주택이나 공영 주택에 사는 것을 선택하기도 한다.

집시 유랑자라는 용어는 현재 많은 작가가 선호하고 있다. 영국에 있는 집시 유랑자의 공식적인 숫자는 현재 파악되지 않고 있다. 그러나 집시와 유랑자의 웹 사이트인 '친구, 집시, 유랑자(Friends, Gypsies and Travellers, www.gypsy-traveller.org)'에서는 2003년에 학교에 등록된 약 4,000명의 아일랜드 유랑 아동과 6,000명의 집시 아동이 있었다고 보고하였다. 특히 중학생 연령에서 아일랜드 유랑 아동과 집시 아동의 경우는 다른 집단의 아동보다 출석률이 훨씬 낮게 나타난 것으로 알려졌다. '핵심 단계 3(Key Stage 3)'까지(역자 주: 영국의 단계별 교육과정, 11~14세) 유랑 아동의 15~20%만이 등록하거나 정규적으로 학교에 출석하는 것으로 추정된다(인종평등위원회, www.cre.gov.uk).

집시 유랑자 부모가 학교에 참여하는 것을 어려워하고, 교사가 집시 유랑자 부모에게 접근하기 어렵다고 언급하는 데에는 다양한 이유가 존재한다. 집시 유랑 사회에서는 가족유대가 강한 특징으로 나타나며, 부모는 학교 교육이 자녀의 신념과 가치에 부정적인 영향을 줄 것이라는 생각을 가지고 있다. 일반적으로 보통의 부모는 교육에 관해 긍정적인 견해를 가지고 있지만, 집시 유랑자 부모는 집시 집단을 위한 가치와 문화정체성을 보존하면서 주류 교육의 통합에 성공할 수 있는지에 관하여 우려를 보이고 있다 (Hately-Broad, 2004; Bhopal, 2004). 다음에서는 집시 유랑자 부모와 학교의 관계 부족에 원인이 될 수 있는 요인을 제시하였다.

● 가족은 계절에 따라 일을 하거나 예상치 못한 강제추방을 당할 수도 있고, 이것은 자녀의 교육 중단으로 연결될 수 있다. 임시 숙소와 빈번한 이주는 가족에게, 특히 여성에게 상당한 도전이 된다. 이러한 요소는 지역사회와 가족지원망을 약화시키고 자녀가 학교에게서 멀어지게 할 수 있다(Department for Education and Skills, 2003a; Milbourne, 2002).

● 많은 집시 부모는 매우 제한된 교육경험을 가지고 있고, 중등교육을 받지 않은 경우도 있다. 그래서 이들은 학교를 방문하여 교사와 대화하고 접근하는 것에 대해 확신이 없을 수 있다. Derrington과 Kendall(2004)은 3명의 집시 부모 중 단지 1명만이 초등학교의 학부모회에 참여하고, 이 비율은 중·고등학교로 올라가면 4명 중 1명 수준으로 떨어진다는 것을 발견하였다. 이러한 모임에 참여하지 않는 주된 원인은 부모의

확신 부족으로 나타났다.

- 『기대를 높게: 집시 유랑자 자녀의 성취 향상. 훌륭한 실천을 위한 안내(*Aiming High: Raising the Achievement of Gypsy Traveller Pupils. A Guide to Good Practice*)』(Department for Education and Skills, 2003b)에서는 많은 집시 부모는 읽고 쓰는 방법을 알지 못하며, 자녀를 최선으로 지원하는 방법에 대해서도 잘 알지 못한다고 하였다.

- 많은 연구는 집시 부모가 학교와 지역사회에서 왕따 문제나 심한 인종차별이 존재하는 것을 우려하고 있는데, 교사는 이것을 인식하지 못할 수도 있다고 보고하였다(Lloyd & Stead, 2001). 그러나 Jordan(2001)의 연구에서 유랑 부모는 이러한 차별에 대해 학교 직원을 탓하기보다는 지역사회를 비판한다고 하였다. 일반적으로 유랑 부모는 사회보다는 학교가 인종차별이 심하지 않은 것으로 생각한다고 하였다.

Bhopal은 집시 집단의 정체성과 교육에 관한 인식에 대해 광범위하게 연구하였다(Bhopal & Myers, 2008). 그녀는 1994년의 형사처벌 및 공공질서법이 이러한 집시 가정에게 공공 거주지를 제공하던 지방 당국의 의무를 더 이상 이행하지 않도록 하였다. 그러한 거주지는 점점 더 희박해져 갔고, 많은 가족은 불법적으로 도로가의 야영지에서 거주해야 하였다. 그 결과 많은 집시가 추방을 피하기 위해서 끊임없이 이동하여 학교에 비정기적으로 출석하게 되었고, 결국 자녀의 교육에 부정적인 영향을 미치게 되었다. 그러나 Bhopal은 집시 부모가 자녀를 학교에 보내는 것에 관심이 없다는 관습적인 개념을 강하게 비판하였다. 집시 가족에 대한 심화연구에서, Bhopal(2004)은 집시 부모의 교육에 대한 태도가 보다 더 지원적인 방향으로 움직이고 있다는 것을 발견하였다. 이 연구에서 많은 집시 부모는 집시의 전통적인 생활방식을 규제하는 것에 대해서 언급하였다. 집시의 생활방식은 감소하고 있으며, 집시 부모는 집시가 미래에는 존재하지 않을 수도 있다고 예상한다. 그들은 그들의 자녀가 아마도 가업을 잇지 못할 것이기에, 자녀가 생계를 꾸려 갈 수 있도록 전망을 바꿔야 한다고 예측한다. 그래서 교육을 전통적인 집시 직업이 아닌 다른 직업으로 이동하는 디딤돌로 바라보는 시각이 증가하고 있다. 연구에 참여하였던 많은 집시 부모가 유랑자교육서비스(Traveller Education Service: TES)에서 제공받은 지원의 질에 대해 매우 긍정적인 평가를 하고 있다는 것은 중요하지 않다. 물론 Bhopal은 TES도 가치가 있지만, 학교는 여전히 집시 사회와 굳건한 관계를 형성할 필요가 있고, 그러한 책임을 TES 담당자에게 과도하게 의존해서는 안 된다고 주장하였다.

결 론

부모의 학교 참여를 저해하는 요인은 복잡하고 다양한데, 여기에서는 빈곤과 사회적 소외, 민족성, 장애의 경험 등을 포함하였다. 어떤 집단은 회피하기 힘든 불이익을 끊임없이 경험한다. 그러나 그러한 문제를 경험하는 사람을 묘사하기 위한 용어는 신중하게 사용할 필요가 있다. '하위계층'이나 '접근하기 어려운'과 같은 꼬리표는 사회적으로 발생하는데, 이러한 표현은 특정 집단이 왜 어려움을 경험하는지에 대해서는 설명하지 못한다. 다음 장에서는 학교 참여에 어려운 경험을 가진 부모를 성공적으로 참여시킨 프로젝트에 대해 소개할 것이다. 먼저 국제적인 사례부터 검토할 것이다.

chapter

03

국제적 관점

서 론

국제적으로도 교육전문가와 가족의 협력에 대한 관심이 증가하고 있다. 이 장에서는 영국 이외의 국가에서 이루어진 교육전문가와 가족의 협력 발달에 대해 살펴보고자 한다. 미국의 경우, 교육에 참여하는 부모에 관한 연구는 참여에 어려움을 가지는 부모를 참여시키는 방법에 대하여 강조하는 것이 특징이다. 미국 기반의 남서부 교육발달연구소(Southwest Educational Development Laboratory)는 미국에서 수행된 학교, 가정, 지역사회의 연계에 관한 일련의 통합 시리즈 연구물을 출판하였다. 이 출판물은 이 분야에 대한 풍부하고 상세한 내용을 제시한다. 통합 시리즈 연구인 『다양성: 학교, 가족, 그리고 지역사회의 연계(*Diversity: School, Family and Community Connections*)』에서, Boethel(2003)은 소수민족과 저소득 가정의 참여를 목표로 하는 프로젝트를 분석하였다. 그의 연구 결과 중 하나는 그러한 프로젝트가 학교를 변화시키기보다는 부모의 행동을 변화시키는 데 더 큰 중점을 둔다는 것이었다. 하지만 이것은 이 책의 핵심 주제와도 관련되는 것으로서, 부모가 학교에 맞추기 위해 어떻게 변해야 하는지에 집중하기보다는 부모의 요구를 충족시키기 위하여 조항(provision)을 어떻게 수정해야 하는지에 관심을 가지는 학교가 많다는 것이다. Boethel은 60편 이상의 연구를 분석하였으며, 소수민족과 저소득 가정 학생의 학업능력을 향상시키고, 가족을 지원하기 원하는 학교와 전문가를 위해 다음과 같이 제안하였다.

- 조기 읽기 교육을 지원하기 위해 가족에게 훈련과 자원을 제공하기
- 가족이 아동의 학습을 지원할 수 있도록 구체적인 의사소통 전략과 모니터 전략을 사용하도록 지원하기
- 학교나 지역사회가 주관하는 특별활동이나 방과 후 활동에 학생이 참여하도록 격려하고 지원하기
- 저소득 가정이 안전하고, 건강하며, 올바른 영양섭취를 하는 데 필요한 서비스를 제공받을 수 있도록 지원하기

부모참여 모델 중 가장 영향력 있고 자주 인용되는 모델은 미국학자인 Joyce Epstein이 개발한 모델이다. 이 장은 Epstein이 개발한 모델을 소개하는 것으로 시작할 것이다. 그 다음으로는 소수민족 학생의 경험과 아동발달에 관한 견해에서 세계적으로 존경받는 저명한 학자인 Jim Cummins와 Barbara Rogoff의 관점을 소개할 것이다. 그리고 이 장의 후반부에서는 4개의 프로젝트를 소개하고 논의할 것이다. 그중 2개의 프로젝트는 미국에서 수행된 것이고(CoZi 모델과 가정에서의 수학학습에 대한 연구), 하나는 뉴질랜드에서 수행된 것으로서 사정(assessment)에 부모를 참여시키는 것에 관한 연구이며, 마지막 하나는 이탈리아에서 수행된 연구로 가족참여를 강조하는 레지오 에밀리아 아동 센터(Reggio Emilia children's centres)에 대한 것이다. 이러한 사례를 선택한 이유는,

부모가 교사 및 다른 전문가와의 관계에서 어려움을 경험할 수도 있지만, 부모를 교육에 참여시키는 문제에 대한 창의적인 방법을 보여 주었기 때문이다. 이 4가지의 프로젝트는 다양한 학교와 기관, 그리고 그들의 지역사회에서 적합하게 응용할 수 있다는 측면에서 좋은 사례라고 여겨진다.

　가장 먼저, Joyce Epstein의 부모참여 모델을 소개하고자 한다. 이것은 학교가 가족-학교의 협력관계를 발달시키고자 할 때 고려할 수 있는 행동에 대한 체계다.

Joyce Epstein의 부모참여 모델

　Joyce Epstein(2001)은 아동과 청소년의 발달을 돕기 위하여 학교가 부모와 밀접하게 협력하기 위해서 양육을 포함한 가정-학교 연계를 위한 6가지 영역을 제시하였다(〈표 3-1〉).

| 표 3-1 | Joyce Epstein의 부모참여에 대한 6가지 유형
(Epstein, 2001, pp. 409-411)

◆ 양육

모든 가족이 학생으로서의 자녀를 지원해 주는 가정환경을 조성하도록 돕는다. 예를 들면, 각 연령과 학년에 적합한 양육에 대한 워크숍, 비디오테이프, 전화메시지와 부모교육 및 부모를 위한 훈련 등을 포함한다. 특히 '워크숍'은 학교에서 개최되는 모임 그 이상을 의미한다. 즉, 보고, 들으며, 읽을 수 있는 다양한 형태로 이용 가능한 정보 제공을 포함한다.

〈주의사항〉
- 학교에서 개최되는 회의나 워크숍에 참석할 수 있는 소수의 참여자 이외에도 정보를 원하고 필요로 하는 모든 가족에게 정보를 제공하여라.
- 가족이 자신들의 문화, 배경, 자녀의 재능과 요구에 관해 학교와 정보를 나눌 수 있도록 하여라.
- 가정을 위한 그리고 가정에서 나온 모든 정보가 투명하고 유용하며, 학교에서 아동의 성취와 연계됨을 확신하여라.

◈ 의사소통

학교 프로그램과 아동의 발달에 관하여 '학교에서 가정으로' 그리고 '가정에서 학교로'의 효과적인 의사소통 형태를 구축하여라(학교, 가족, 학생, 그리고 지역사회를 연결하는 의사소통의 쌍방향, 삼자 간, 다중채널). 예를 들면, 최소한 1년에 1번 이상 부모 상담을 실시하고 필요에 따라 추후 상담을 실시하여라. 또한, 필요 시 가족을 도울 언어 통역사를 활용하여라.

〈주의사항〉
- 모든 메모, 통지문, 인쇄물, 비인쇄 의사소통의 가독성, 명확성, 형태, 그리고 빈도를 확인하여라.
- 영어를 잘 말하지 못하고 읽지 못하는 부모나 큰 글씨체를 필요로 하는 부모를 고려하여라.
- 주요 의사소통의 특성을 확인하여라(예: 신문, 기록카드, 부모 상담 일정).
- 가정에서 학교로, 그리고 학교에서 가정으로의 쌍방향 의사소통을 분명히 하여라.

◈ 자원봉사

부모의 도움과 지원을 모집하고 조직하여라(단지 학교 일과 중 혹은 학교 건물에서뿐만이 아닌, 어느 때, 어느 장소, 어느 방법, 학교의 목표, 아동의 학습 또는 발달을 지원할 수 있는 어느 성인이든지). 예를 들면, 부모 대기실이나 자원봉사를 위한 가족센터, 가족을 위한 자원, 모임 등이 있다. 자원봉사자의 위치와 활용 가능성 및 모든 가능한 재능을 확인하기 위해 매년 우편 설문조사를 실시하여라.

〈주의사항〉
- 모든 가족이 자신의 시간과 재능이 환영받는다는 것을 알 수 있도록 광범 위하게 자원봉사자를 모집하여라.
- 직업을 가진 부모와 자원봉사자가 행사와 회합에 모두 참여할 수 있도록 일정을 융통성 있게 구성하여라.
- 자원봉사 업무를 조직하고 훈련을 제공하여라. 학교, 교사, 학생의 요구에 따라 시간과 재능을 조정하여라. 노력을 인정함으로써 참여자가 보다 생산 적이 될 수 있도록 하여라.

◈ 가정학습

가족들에게 자녀의 숙제를 도와주거나 다른 교과 관련 활동, 결정, 계획 등을 어떻게 도와줄 수 있을지에 대한 아이디어와 정보를 제공하여라. 예를 들면, 가족에게 각 학년별 모든 교과에서 필요한 기술에 대한 정보를 제공하여라. 여기에는 수학, 과학, 학교에서의 읽기 활동이 포함된다. '숙제'가 단지 혼자서 하는 것이 아닌 학교 공부를 실제 생활과 연계하면서 가정이나 지역사회에서 다른 사람과 함께 상호작용하는 활동이 되도록 하여라.

〈주의사항〉
- 상호작용하는 숙제에 대한 정기적인 일정표를 계획하고 조직하여라(예: 매 주 혹은 두 달에 한 번). 이는 학생에게 학습의 중요한 내용에 대해 토론할 책임감을 부여하고, 부모에게는 자녀의 학교 공부에 대해 잘 알 수 있도록 한다.
- 학생에게 가족과 관련된 숙제를 제공하도록 하여라.
- 모든 중요한 교과 관련 결정에 아동과 가족을 참여시켜라.

◈ 의사결정

학부모 대표와 대표단을 선출하는 학교의 결정과정에 부모를 포함시켜라. 예를 들면, PTA나 부모 단체, 자문 위원회, 위원회 등에서 의사결정을 할 때,

모든 가족이 부모 대표단과 연결된 네트워크를 형성하도록 하여라. '의사결정'은 갈등 상황에 대한 단순한 권력다툼이 아닌, 동일한 목적을 향하여 공유된 행동과 견해로 협력관계를 맺는 과정을 의미한다.

〈주의사항〉
- 학교의 모든 인종, 민족, 사회경제적, 또는 다른 집단에서 온 부모 대표를 의사결정에 포함시켜라.
- 모든 부모에게 정보를 주고받는 대표자가 다른 가정의 대표자로서 역할 하는 것이 가능하도록 훈련을 제공하여라.
- 의사결정 팀에 부모뿐만 아니라 학생도 함께 포함시켜라.

◈ **지역사회와의 협력**

학교 프로그램, 가족의 실제, 학생의 학습과 발달을 강화시키기 위해 지역사회에 있는 자원과 서비스를 확인하고 통합하여라. 예를 들면, 학생과 가족에게 지역사회의 건강, 문화, 여가오락, 사회적 지원, 기타 프로그램이나 서비스에 대한 정보를 제공하고, 학교, 시민, 건강, 여가오락, 기타 기관과 조직을 포함한 협력관계를 통하여 서비스를 통합하여라. '지역사회'는 학생의 거주지나 학교가 위치한 이웃을 의미할 뿐만 아니라, 학생의 학습과 발달에 영향을 미치는 모든 이웃을 의미한다. 또한, '지역사회'는 학교에서 아동과 함께 있는 사람뿐만이 아닌 교육에 관심을 가지고 영향을 받는 모든 사람을 나타낸다.

〈주의사항〉
- 협력 활동을 위해 책임, 재정, 직원, 배치에 관한 문제를 해결하여라.
- 멘토링이나 개인교습 등 학생을 위한 지역사회 프로그램을 가족에게 알려 주어라.
- 학생과 가족이 서비스를 받거나 지역사회 프로그램에 참여하기 위한 균등한 기회를 보장하여라.
- 지역사회의 기여를 학교의 목표와 맞추고, 아동과 가족을 위한 서비스를 교육과 통합하여라.

일부 연구자들은 Epstein의 체계가 보다 학교 지배적이며, 교사는 부모가 이미 자녀를 지원하고 있다는 사실을 폄하하는 경향이 있다고 주장하였다(Jackson & Remillard, 2005). 그렇지만 분명한 것은 Epstein이 제시한 내용은 '접근하기 어려운' 부모를 대하는 학교의 문제를 명백하게 제시하고 있다. 이것은 Jim Cummins가 연구했던 주제이기도 한데, Cummins는 '소수민족' 배경과 문화를 가진 학생이 왜 저조한 학업 성취를 나타내는지에 대해 연구하였다.

Jim Cummins의 관점

Jim Cummins는 캐나다의 토론토 대학에 재직하고 있으며, 제2외국어로 영어를 배우는 사람의 언어와 읽기 발달에 관한 연구를 수행하였다. 1986년 Cummins는 「소수민족 학생의 역량강화: 중재를 위한 체계(Empowering minority students: a framework for intervention)」라는 역사적인 논문을 발표하였는데, 여기에서 그는 문화적 다양성을 가진 학생의 학업적 성취를 약화시키는 교육적·사회적 장벽을 탐구하였다. 그리고 학교에서 소수민족 학생의 실패에 대해 국제적인 추세를 분석하는 체계를 발표하였다. Cummins는 '소수민족 학생'이라는 용어를 사용함에 있어서 2가지의 포괄적인 집단을 언급하였다. 하나는 가족의 언어와 문화가 학교 및 사회의 언어·문화와 다른 학생(언어적 소수민족 학생)이고, 또 하나는 모국어는 영어지만 가족의 문화적 배경이 학교 및 사회의 문화와 다른 학생(문화적으로 다양한 학생)이다. 영국의 경우 이러한 집단에는 방글라데시, 파키스탄, 아프리카-캐리비언 전통을 가진 아동이 해당되며, 수년간 학교에서는 이들의 진보에 대한 우려가 증가하고 있다(2장에서 언급되었음). Cummins는 이러한 소수민족 학생이 왜 학교에서 저조한 성적을 나타내는지에 관한 이유를 살펴보았다. Cummins는 사회에서 고질적으로 존재하는 지위와 권력 관계에서의 불평등이 학교에도 반영되기 때문이라고 주장하였다. Cummins가 저술할 당시에, 그의 이러한 주장에 대한 설득력 있는 사례가 보고되었다. 스웨덴에 거주하는 핀란드 학생은 사회적 지위가 상대적으로 낮았으며, 학교에서의 학업 성취도 저조한 것으로 나타났다. 하지만 같은 시기에 오스트리아에 거주하는 핀란드 학생의 사회적 지위는 높았으며, 학교에서의 학업도 성공적인 것으로 나타났다.

Cummins가 제시한 중요한 가정(proposition)은 학교가 사회의 부정적이고 차별적인 영향에 대응하는 데 매우 유리한 입장에 있다는 것이다. 소수민족 학생은 교사와 직접적으로 상호작용함으로써 역량을 강화할 수 있다. 이는 교사가 소수민족 학생과 어떻게 관계 맺을 것인지뿐만 아니라, 학교가 교육의 기본 구성요소인 소수민족 가족과 지역사회가 참여할 수 있도록 얼마나 격려하는가에 달려 있다. Cummins는 소수민족 학생의 진보에 영향을 주는 핵심적인 요인 중의 하나는 학교와 소수민족 사회 사이에 형성된 관계의 질이라는 것을 강력하게 주장하였다. 그는 대부분의 부모가 자녀의 학습을 도와주기를 원하지만 그렇게 하기에는 그들의 기술이나 자신감이 부족하다고 하였다. 소수민족 아동의 부모와 교사 간에 견고하고 서로 존중하는 관계가 이루어지는 곳에서는 부모의 자기효율성(self-efficacy)이 증가되고, 부모와 자녀 간의 의사소통이 원활하게 이루어지며, 결국 아동의 학업 성과에도 긍정적인 영향을 미친다고 하였다.

연구 인용문

······대부분의 소수민족 학생의 부모는 자녀에 대한 높은 기대를 가지고 있다. ······그러나 부모는 자녀를 학업적으로 어떻게 도와주어야 할지 잘 모르는 경우가 많다. ······자녀의 학업적인 진보에서의 극적인 변화는 교육자가 이러한 배제를 협력으로 바꿀 때 가능해진다.

Cummins, 1986, p. 23.

이러한 획기적인 논문이 발표된 지 15년이 지나고 Cummins (2001)는 이후 소수민족 학생이 학교에서 좋은 성적을 나타내었음을 보여 주었다. 미국 내에서 표준(standards)에 관한 강조로 인하여 교사와 학교에 더 많은 책임이 강요되었고, 학생과 학교의 수행을 점검하기 위한 교육과정 기준이 구체적으로 평가되었으며, 이에 실패한 학교와 교사를 확인하였다. Cummins는 이러한 개혁이 교육체계를 강화하기보다는 역효과를 가져올 수 있다고 주장한다. 그는 자신의 초창기 입장을 재확인하였는데, 사회의 권력

구조는 학교에서 재발생하는 경향이 있으며, 소수민족 학생이 학업적으로 계속 실패하는 핵심적인 이유는 사회뿐만이 아니라 학교에서까지 이들의 정체성의 가치를 떨어뜨리는 사회적 · 교육적 불평등 때문임을 강조하였다.

Cummins의 논평(1986년과 2001년)이 가지는 긍정적인 측면은 학교에서 소수민족 학생의 성과에 영향을 미치게 되는 교사의 역할을 상당히 강조하였다는 것이다. 그는 학교가 소수민족 가족 및 지역사회와 존중할 만한 관계를 발달시키면, 학교는 사회에 만연한 불평등의 부정적인 영향을 감소시킬 수 있다고 하였다. Cummins는 학생이 가지고 있을 법한 결손에 중점을 두기보다는 학생이 학교로 가져오는 문화적 · 언어적 · 창의적 · 지적인 자원을 격려함으로써 학생의 역량을 강화시킬 수 있다고 제안하였다.

Barbara Rogoff의 관점

Barbara Rogoff는 미국의 학자로 다양한 지역사회에 대해 연구해 온 상당한 경험을 가지고 있다. Rogoff가 수행한 연구의 많은 부분은 아동발달과 사회문화적 관점에서 비고츠키(Vygotsky)의 접근법과 일치한다. 사회문화이론의 핵심은 다음과 같다. 학습에서의 발달은 전문가와 초보자 사이의 상호작용으로 특징지을 수 있으며, 아동의 학습은 아동이 그들 자신보다 유능한 다른 사람과 상호작용할 때 발달된다는 것이다. 비고츠키 이론의 이러한 측면에 대한 또 다른 해석은 집단이 공동으로 작업할 때 전문가의 협력형태가 나타난다는 것이다(Lantoff, 2000). Rogoff는 협력 학습의 문화적 특색을 연구하고, 지도자 혹은 안내자로서의 성인의 역할을 탐색하는 데 관심이 있었다. Rogoff는 전문가가 다른 사람의 아동 양육 방식을 이해해야 하고 다른 문화의 양육 방식에 대한 가치판단을 피해야 한다고 주장하였다.

Rogoff는 자신의 저서 『인간발달의 문화적 특성(*The Cultural Nature of Human Development*)』(2003)에서, 다양한 배경을 가진 사람들과 일할 때 전문가가 직면하는 장애물, 그리고 우리 자신의 문화가 다른 사람의 문화보다 어떤 측면에서는 옳고 더 우월하다는 것을 가정하는 위험성에 대하여 논의하였다. Rogoff는 전문가가 자신들의 협소한 경험에만 근거하여 가정하는 것을 피해야 하며, 이를 통해 인간발달에 대한 이해가 다른 문화적 접근을 포함하는 것으로 확대될 수 있다고 하였다. Rogoff가 주장하는 많은 부분은 다양한 문화에서 온 가족과 상호작용하는 교사 및 다양한 실무자와 직접적으로 관련된다. 이것은 판단 유보의 필요성에 대한 것인데, 자신의 문화에서 가치 있는 것이 다른 사람에게는 똑같이 가치 있는 것이 아님을 이해하는 것이 중요하다.

초기의 가정을 뛰어넘어라-판단 유보하기

Rogoff는 우리가 다른 사람에 대해 만든 '가정(assumptions)'의 문제는 우리가 '가정'을 만들고 있다는 것을 인식하지 못하는 것이라고 하였다. 결국 '가정'은 최선의 추정일 뿐인데, 우리의 신념이 이러한 추측이나 추론에 근거하고 있다는 것을 염두에 두고 있지 않다는 것이다. 우리는 우리의 삶을 이끄는 방법이(예를 들면, 자녀를 양육하는 방법이나 훈육태도) 옳고 최선이라는 것을 당연하게 여기는 경향이 있다. 하지만 Rogoff는 다른 사람의 생활방식을 속단하지 않는 것이 중요하다고 하였으며, 다른 사람의 관습이 그들 지역사회의 생활방식과 어떻게 일치하는지를 우리가 이해할 때까지 판단을 유보하는 것이 중요하다고 하였다.

연구 인용문

자신의 지역사회를 기준으로 다른 문화적 관습에 대해 가치판단을 부여하는 것은 그러한 관습이 다른 지역사회 안에서 어떠한 의미가 있는지를 이해하지 못하는, 또 하나의 자기민족중심이라 할 수 있다.

Rogoff, 2003, p. 15.

판단을 유보하자는 주제는 Rogoff의 또 다른 주제와 밀접하게 연관되어 있다. 아동의 발달을 위한 부모의 소망과 열망은 매우 다양하며 문화적 관점에 의해 상당한 영향을 받는다는 것에 대하여 이해하는 것이 중요하다.

발달의 목표가 문화적 전통에 따라 다양함을 인식하기

Rogoff는 백인 중산층 부모가 자신과 자녀를 위해 바라는 것은 다른 집단이 자녀를 위해 가지는 목표나 열망과 동일하지 않을 수 있다는 것을 강조하였다. 소위 인간발달에 관한 대이론(예: 피아제의 발달이론)에 의하면, 인간발달은 바람직한 성숙의 종료점을 향하여 비교적 예측할 수 있는 단계로 나아간다고 가정한다. 어떤 사회는 이것을 '원시적'이라고 정형화시킬 수 있고, 서구의 '선진국'처럼 '진보'될 수 있도록 도와야 한다는 신념과 연결되기도 한다. Rogoff는 인간발달, 즉 열망하는 인간을 바람직한 것으로 인식하는 것과 문화적 및 지적 성취의 최고로 인식하는 것에 대한 판단은 지역사회마다 매우 다양하다는 것을 강조한다. 자기민족중심적 입장의 위험성은 다른 문화적 전통에서 온 가족이 다른 열망을 선택한다는 것에 대해 알게 되면서 감소할 수 있다.

Rogoff의 주장은 특히 교육전문가가 소위 접근하기 어려운 부모와 일할 때 의미가 있다. 교사는 자신의 경험과 전혀 상이한 다른 가족의 관습을 마주할 수 있고, 또 가족의 관습은 학교의 지배적인 문화 및 가치와 충돌할 수 있다. 교사는 다양한 가족의 관습에 관한 직접적인 접촉 및 경험으로 판단이 세워질 때까지 가족의 양육 관습에 대하여 '판단 유보'를 실행하는 것이 현명하다. 이것은 장애아동을 가르치면서 직접적이고 전문적인 경험을 한 교사가 통합교육에 보다 더 긍정적인 태도를 지닌다는 연구와도 일치한다(Avramidis & Norwich, 2003).

이 장의 나머지 부분에서는 접근하기 어려운 부모를 교육에 참
여시키는 4가지 프로그램을 소개할 것이다.

지역사회 학교와 CoZi 모델

1980년대 이후로 미국에서는 '지역사회 학교(community schools)'
가 증가해 가고 있다. 이러한 미국 학교 모델은 지역사회의 요구
를 충족시키기 위해 가족을 참여시키는 데 중점을 두고 있으며,
이것은 영국의 정책(Department for Education and Skills, 2004c)에
서 학교의 확대에 강조를 두었던 것보다도 먼저 시작되었다.
Hiatt-Michael(2003)에 의하면, 지역사회를 연결하는 교사의 노
력은 도시 내의 불우한 지역에서 시작되었고, 지금은 미국 여러
곳으로 확대되고 있는 중이라고 하였다. '지역사회 학교'에 대한
한 정의에 따르면, 이는 학교가 지역사업체, 기관(예: 건강서비스),

연구 인용문

공립학교에서 운영되는 '지역사회 학교'는 방과 전후와 수업 중에도 학
생, 가족, 지역사회에 개방된다. 이는 흔히 학교체계와 지원 단체(예: 지
역사회중심 기관, 아동가족 서비스 단체, 지역사회발달 단체)와의 협력
을 통해 운영된다.

Blank, 2003, pp. 17-18, Hiatt-Michael가 인용함, 2003, p. 45.

또는 하나 이상의 외부 조직과 연계하는 것으로, Blank(2003)가 지적한 바와 같이, 학교가 아동/가족과 지역사회 서비스 사이를 연결하는 것을 의미한다.

　다음은 지역사회 학교를 방문한 방문객이 학교에서 볼 수 있는 풍경이다.

연구 인용문

학교 현관 입구에서 어른들은 그 지역 대학에 다니고 있는 법대생에게서 영주권에 대한 법적인 조언을 듣고 있다. 현관을 내려가면, 지역 사업체에서 온 근로자는 학생의 수학을 도와주고, 지역 치위생사는 치아 보호에 관한 시범을 보여 준다. 도서관에서는 부모들이 제2외국어를 공부하고 있다. 체육관에서는 부모가 아이들과 함께 에어로빅을 연습하고 있고, 아버지들은 운동을 가르쳐 주고 있다.

Hiatt-Michael, 2003, p. 46.

　Sheldon과 Voorhis(2004)는 미국에서 학교와 가족, 지역사회 간의 협력관계를 발달시키는 300개 이상의 프로그램을 조사하였다. 부모와 밀접한 협력관계를 맺고 있는 학교에서는 학교 의사결정 위원회에 더 많은 부모가 참여하는 경향을 보였으며, '부모-자녀 상호작용 숙제'(자녀가 가정에서 가족구성원과 함께 과제를 하도록 격려함)라고 부르는 과제를 수행하는 데 더 많은 기회가 제공되었다. 그러나 학교에서는 부모와 지역사회가 아동에게 풍부한 학습

환경을 제공해야 한다는 기대가 있음에도, 대부분의 교사는 부모 스스로가 가장 효과적인 참여 방법을 찾도록 내버려 둔다.

그렇다면 지역사회 학교의 발달을 위한 효과적인 접근은 무엇인가? Desimone 등(2000)은 지역사회 학교 전략을 'CoZi'라고 부르고 평가하였다. CoZi 모델은 이중 과정을 통하여 지역사회가 필요로 하는 것을 설명하는 데 목표를 둔다. 첫째, 학교에서 부모가 의사결정과정에 협력하면서 온전히 참여하도록 보장하는 실천 사항을 창출한다. 이 접근법은 James Comer의 '학교 발달 프로그램(School Development Program)' (Comer, 1980)의 인식을 공유한다. 둘째, 가족과 아동을 위한 추가적인 아동양육과 기타 서비스를 제공하며, 이는 Edward Zigler(1989)의 연구에 기반하고 있다. Desimone 등은 CoZi의 주요 특징을 다음과 같이 묘사하였다.

- 아동발달 원칙에 입각한 학교 기반의 의사결정 시 부모와 교사 참여
- 아동 출생 시부터 부모 지원과 부모교육 시행
- 초등학생을 위한 방과 전후의 보호
- 부모참여 프로그램(예: 0~3세 아동의 부모를 위한 가정방문 프로그램)

Desimone 등은 CoZi 모델이 저소득, 아프리카계 미국인 사회의 초등학교에서 시작되었다고 하였다. CoZi 모델은 평가를 위하여 같은 지역의 유사한 아동을 통제집단으로 설정하였다. CoZi

학교는 대부분의 영국 내 초등학교와 비교하였을 때, 그 규모가 컸으며, 680명의 아동(유아부터 11세까지)과 53명의 교사가 스태 프로 참여하였다. 약 98%의 아동이 아프리카계 미국인이었으며, 60%가 편모가정이었다. CoZi 학교에서는 다음과 같은 서비스가 이루어졌다.

- 학교 운영의 참여: 학교의 의사결정에 참여하는 것은 사실상 당연한 것이고, 이 과정에서 부모는 필수적인 역할을 한다.
- 열린 정책: 부모가 원할 때는 언제든지 학교나 교실을 방문할 수 있다.
- 부모교육 전담직원의 배치: 3명의 부모교육 전담직원이 학교에 상주한다. 이들의 역할은 부모와 건강서비스 및 사회서비스 를 연결해 주고, 학생이 학교에 입학하기 전 모든 부모를 방 문하는 것이다.
- 방과 전후 아동보호: 모든 아동은 월요일부터 금요일, 오전 6시 부터 오후 6시까지 보호받을 수 있다.
- 어린이집 제공: 학교에 어린이집 학급이 5개 있고, 교사와 아 동 비율이 상대적으로 좋다(각 학급에는 약 15명의 아동이 있 다).

CoZi 학교의 부모참여 수준은 다른 학교에 비해 훨씬 높게 나 타났다. 부모는 학교에서 이루어지는 성인 특별활동, 학교 워크 숍, 기금마련 회의, 다양한 교실활동 행사에 자주 참여한다. 설문지와 면담을 통한 연구결과에 따르면, 이러한 높은 수준의 부모참여는 CoZi 학교의 부모교육 전담직원에 의해 개발된 주도적인 부모 프로그램과 의사결정의 공유 때문이라고 하였다. 또한, 이러한 높은 부모참여율은 교사의 태도에 의해서도 영향을 받는다. CoZi 학교의 교사는 학교와 수업에서 부모참여에 대한 긍정적 인식을 가지고 있을 뿐만 아니라, 부모의 참여를 강화하는 실천적인 행동도 보인다.

연구 인용문

······'CoZi 교사'는 부모가 학교에 참여할 수 있도록 실질적인 지원활동에 참여한다. CoZi 모델은 교사와 부모가 서로 이해하고, 가정과 학교의 관계를 지원하기 위해 기획된 것이다. CoZi 학교는 실제 그러하다.

Desimone et al., 2000, pp. 309-310.

CoZi 학교에서 수용적·지원적으로 나타나는 교사의 긍정적인 태도가 부모참여 증가의 원인 혹은 결과인지, 아니면 이 2가지 모두에 해당되는지는 잘 알 수 없다. 하지만 이러한 부모참여의 증가는 Barbara Rogoff의 관점과 관련될 수 있는데, 즉 부모와 상호작용하면서 열린 마음이 되고, 자신과 다른 배경을 가진 가족의 문화적 가치와 관습에 관한 편견을 피하는 전문가의 가치와 연관된다.

CoZi 학교는 가족과의 어려움이 있음에도, 가정-학교 협력의 수준이 높은 것으로 나타났다. 아마도 이 연구의 가장 중요한 부분 중 하나는 학교의 운영에 부모가 적극적인 참여자가 된다는 점이다. 부모참여가 학교에서 하나의 독립된 활동 항목으로 들어가기보다는, 부모가 교사와 협력적으로 관계를 맺고 학교의 의사결정과정에 전체적으로 기여하는 것이다. CoZi 학교의 학교 운영에서 적극적인 부모참여에 대한 중요성은 Sheldon과 Voorhis(2004)의 연구와도 관련 있는데, 이는 학교가 가정과 양질의 협력관계를 가질 때 학교 의사결정 위원회에 더 많은 부모가 참여한다는 것이다. Elizabeth Erwin과 Leslie Soodak은 이러한 부모참여에 대해 다음과 같이 논평하였다. 이는 미국에서 부모참여가 중요하게 다루어지는 것에 대하여 유용한 설명을 제공하는데, 부모는 단지 '통보된 참여자'가 아닌 전문가와 진심으로 협력관계를 가지는 것이 중요하다는 것이다. 또한 Erwin과 Soodak은 조부모를 포함한 다른 가족구성원도 자녀 교육에 중요한 역할을 한다는 사실을 상기시키면서 '가족-전문가' 관계를 고려해야 한다고 제안하였다 (Erwin & Soodak, 2008).

CoZi 연구는 참여한 가족의 특성과 요구 때문에 특별한 의미를 지닌다. CoZi 학교는 불우한 지역에 위치한, 저소득 편부모가정을 위해 봉사한다. 이러한 집단의 구성원은 학교 참여에 어려움을 겪을 수 있으며, 일반적으로 접근하기 어려운 가족으로 인식되어 왔다.

학교 중심에서 부모 중심의 참여

Jackson과 Remillard(2005)는 학교가 부모참여를 바라보는 방식을 '학교 중심'(보다 명확하고 잘 보이는 참여)에서 '부모 중심'(아동의 학습을 도와주는 보이지 않는 가족의 역할)의 관점으로 변경하는 것이 중요함을 주장하였다. Jackson과 Remillard는 저소득 지역의 아프리카계 미국인 어머니 8명과 할머니 2명이 초등학교에 재학 중인 자녀(대략 6~12세의 아동)의 수학을 도와줄 때 자신들을 어떻게 인식하고 있는지를 연구하였다. 부모참여의 영역에서 부모가 자녀의 수학 학습을 어떻게 도와주는지를 조사한 연구는 거의 없었다. 저자들은 최근 미국의 수학교육에 많은 개혁이 이루어지고 있으며, 어떠한 사실이나 법칙을 학습하는 데 중점을 두기보다는, 개념 이해나 문제해결을 더욱 강조하는 방향으로 변화하고 있음을 제시하였다. 영국에서는 이러한 수학교육의 개혁과 관련하여, 이러한 변화를 통해 일부 부모가 교육과정을 낯설게 느끼게 되고, 이는 자녀를 돕는 부모의 확신을 저하시킨다고 하였다. 이러한 상황에서, 저자들은 가정에서 아동의 수학을 도와주는 부모와 조부모의 접근법을 연구하고, 문헌에서 일반적으로 나타난 것처럼 그들의 관습이 관심의 부족을 나타내는지 혹은 그렇지 않은지를 살펴보았다.

이 연구는 10명의 모든 참가자(어머니와 할머니)가 저소득 지역에 거주하고 있었다. 참가자가 아동을 돕는 방식은 '학교 중심'과

관련된 부모참여, 즉 학교의 행사에 출석하거나 학급에서 자원봉
사자로 돕는 것과 같이 학교 중심의 활동과 관례적으로 유사하지
않았다. 비록 일부 부모는 학교에서의 활동에 참여하였지만, 이
연구에서 확인된 지원 전략의 대부분은 아동의 가정에서 이루어
졌다. 저자들은 아동의 학습을 위해 부모가 지적 자원으로서 어떻
게 행동하는지를 입증하는 부모참여 연구를 위한 체계를 제시하
였다. 〈표 3-2〉는 Jackson과 Remillard의 연구에서 어머니와 할
머니가 선택한 접근의 다양성을 보여 주고 있다.

　저자들은 연구에 참여한 어머니와 할머니가 아프리카계 미국인
을 대표한다고 주장하지 않는다. 그렇지만 이 연구는 가족구성원

| 표 3-2 | 아동의 학습을 위한 지적 자원으로서 어머니와 할머니의 참여 실제(Jackson & Remillard, 2005) |

참여의 형태	행동, 관점, 가치
자녀의 교육을 위한 옹호자	• 자녀를 위한 높은 기대 표현하기 • 자녀의 미래와 자녀가 경험해야 하는 기회의 종류에 관해 전략적 · 선행적으로 사고하기 • 세탁이나 요리와 같은 집안일에 자녀를 참여시킴으로써 자녀의 독립성 발달과 자립의 중요성 강조하기
자녀에 대한 학교에서의 진보사항 모니터링	• 학교에서 자녀가 무엇을 하고 있는지 그리고 교육과정의 어느 면을 어려워하는지 이해하기 • 학교에서 자녀의 진보사항에 관한 정보를 얻을 수 있는 전략 발달시키기(예: 교실에서의 자원봉사) • 숙제를 도와줌으로써 아동의 학습 모니터 하기, 자녀가 숙제로 힘겨워할 때 교사와 연락하기
숙제 도와주기	• 자녀가 도움을 구하기 전까지는 독립적으로 할 수 있도록 격려하기

학교 외부에서 계획된 학습 기회 제공	• 자녀의 학습을 위해 다양하게 계획된 기회를 제공하고, 광범위하게 참여시키기: 어떤 기회는 식탁 위에 놓인 식기구를 얼마나 많이 사용하는지를 계산하고, 전체 한 달 요금을 자녀에게 물어보며, 요리할 때 필요한 재료의 무게를 재거나 혹은 돈을 세는 것과 같이 일상적인 집안일에서 이루어질 수 있음. • 수학 기술을 발달시키도록 의도적으로 만들어진 게임과 같은 활동 포함
교육적인 자료 획득	• 자녀의 학업을 돕기 위한 컴퓨터 소프트웨어나 보드게임 같은 교육재료 구입(예: 모노폴리)

이 아동의 학습에 참여하는 다양한 수준을 실제적으로 보여 주고 있다. 이러한 참여의 형태는 사회문화적 이론을 반영하고 있는 것이 분명하며, 특히 학습의 협력적인 성격과 아동의 수학적 이해를 형성하는 어머니와 할머니의 역할을 반영한다.

이 연구에서 강조된 또 하나의 중요한 사실은 참여 형태가 학교 외부에서 발생하기 때문에 교사가 느끼기에는 분명하지 않을 가능성도 있다는 것이다. 이 연구에서 어머니와 할머니는 가정에서 아동의 숙제를 돕기 위해 노력하였으며 이들의 행동은 신중하고 창의적인 것으로 나타났다. 저자들은 학교가 이러한 실천을 인식하고, 격려하며, 형성할 수 있도록 도와야 한다고 제안하였다. 저자들은 부모가 아동의 학습에 참여하는 것이 교사의 눈에 보이지는 않지만, 아동의 가정 내 부모의 학습 참여를 이해하는 것은 필수적이라고 주장하였다. 이 연구는 경제적 자원이 제한된 부모가 제공하는 '(학교에는) 보이지 않는' 가정 기반의 부모참여 형태를 구성할 수 있다는 것을 제안한다. 저자들은 '부모 중심'의 부모참여 관점을 채택함으로써, '학교의 경계를 넘어' 부모를 자녀를 위한 지적·교육적 자원으로서 인식해야 한다고 주장한다.

장애유아의 '학습 이야기'와 사정

전문가의 맥락을 고려하지 않는 전통적인 사정(assessment) 접근법은 부모참여에서 장벽으로 작용한다. Williamson 등(2006)은 중도·중복장애유아를 위한 사정으로 '학습 이야기' 접근법을 제시하였다. 이 접근법은 뉴질랜드에서 개발되었으며 부모참여를 보장한다. 이 접근법은 아동의 발달에 작용하는 요인과 아동에 대한 강점 인식의 중요성을 강조한다. '학습 이야기' 접근법은 Margaret Carr(2001)의 저서 『유아 환경에서의 사정: 학습 이야기(*Assessment in Early Childhood Settings: Learning Stories*)』에서 처음 소개되었다.

Williamson 등은 뉴질랜드 부모는 스스로 아동의 사정과 계획에서 중요한 역할을 하고 있지 못하다고 느끼고 있었으며, 기존의 '전문가 모델'은 사정에 있어서 '기술 기반(skills-based)' 접근법을 사용하고 있었다. 하지만, 이와 반대로, '학습 이야기' 접근법은 아동의 자연적인 환경과 부모와 다른 가족구성원의 도움을 포함하여 아동의 발달을 지원하기 위하여 자연적으로 발생하는 다양한 요인을 고려할 것을 강조한다. 이것은 Williamson 등이 주

장한 바와 같이 전체적이고, 자연적이며, 강점 중심의 사정 방법
이다. 〈표 3-3〉에서는 사정에 대한 전통적인 '기술 기반' 접근법

| 표 3-3 | **사정에 대한 기술 기반 접근법과 '학습 이야기' 접근법**
(Williamson et al., 2006)

기술 기반 접근법	'학습 이야기' 접근법
성인이 선택한 장난감/자료를 이용하여 낯선 환경(예: 진단실)에서 이루어짐	아동이 놀기 위해 선택한 인공물을 사용하여 아동의 자연적 환경에서 관찰이 이루어짐(예: 아동의 가정, 어린이집 등)
손상이나 학습의 차이, 습득된 기술(예: 손가락으로 물건 집기), 배워야 할 다음 기술을 강조	아동의 강점과 관심, 그리고 아동이 배우는 데 도움을 주는 요소에 집중
아동의 특성을 다양한 영역으로 분류(예: 언어/의사소통, 인지발달/사회발달)	아동의 성격, 의사소통을 선택하는 방법, 건강 등의 영역이나 과정에서 상호관련성을 강조하고 전체적으로 바라봄 아동은 총체적인 존재로 여겨짐
전문가에 의해 이루어짐	비전문가에 의해서 이루어짐
부모 기여를 강조하지 않음	전문가만큼 부모의 관점도 동일하게 중시
전문지식과 훈련으로 이끌어 감	현재의 유아기 철학과 실천을 반영
부모를 소외시키는 전문용어 사용	부모와 지원담당자를 포함한 모든 사람이 사용하는 일상용어 사용
전문지식은 전공자, 전문가에 한정됨	전문지식은 전문가, 부모, 다른 가족구성원, 지원담당자 간에 공유됨: '전문가'의 역할은 나누어지고, 모든 사고는 가치가 있음. 부모, 교사, 지원담당자는 이 과정에서 보다 많이 관여

과 '학습 이야기' 접근법 사이의 차이점을 보여 준다.

Williamson 등의 연구에서, 중복장애를 가진 2명의 4세 아동의 부모와 교육지원 담당자는 개별화교육계획 회의에 아동의 '이야기(narratives)'나 서면으로 작성된 노트를 가져와 달라는 요청을 받았다. 이것은 부모와 교육지원 담당자가 다른 전문가와 동일한 위치에 있도록 도와주는데, 전문가들은 대개 이러한 회의에 참여할 때 자신의 서면기록을 가져오기 때문이다. 사정 팀에는 부모, 교사, 교육지원 담당자, 물리치료사, 신경발달치료사, 언어치료사가 포함되었다. 팀 구성원은 3개월 동안 유아 전문가에게서 도움을 받아 '학습 이야기'를 어떻게 작성해야 하는지에 대하여 지도를 받았는데, 특히 효과적으로 가르치는 방법, 아동의 관심, 장점, 성인-아동의 관계와 환경적 상황과 같은 요소를 묘사하는 법에 대해 배웠다. '학습 이야기'는 특정 상황에서 아동이 할 수 있는 것과 아동의 발달을 지원하는 요소에 초점을 맞춘다. 신경발달치료사의 '학습 이야기'에서 나타난 발췌문은 이러한 사정의 형태에 활기를 불어넣어 준다. "벤(Ben)이 공을 정확히 던질 때마다 벤의 옆에 서 있던 벤의 아버지와 나는 박수를 치며 응원해 준다. 벤은 매번 팔을 힘껏 올리면서 함박웃음을 귀에 걸리듯 지으며 '야' 하고 소리쳤다. 벤은 상자 앞에서 공을 80cm나 위로 던지면서도 안정감을 유지할 수 있었다."(Williamson et al., 2006, p. 25) 이 연구에 참여한 한 부모는 신경발달치료사의 헌신 그리고 자신들이 다른 전문가와 동일한 비중으로 여겨지는 것에 대해 감사해 했다.

Williamson 등은 조기중재 전문가가 아동의 흥미, 강점, 학습

상황을 고려해야 하고, 발달 기술의 맥락을 고려하지 않은 정보에는 비중을 두지 않는 것이 중요하다고 하였다. 아동의 관심이나 선호도와 같은 전인적인 요인을 고려하지 않은 학습목표의 선정, 그리고 맥락적인 요인을 고려하지 않은 아동 기술 목록은 사정과 계획 과정에서 부모의 참여를 제한시킬 수 있다. 이것은 평가 보고서를 작성할 때 전문용어나 특수용어를 사용하는 것보다도 더 문제가 될 수 있으며, 특히 영어가 모국어가 아닌 부모나 정확한 설명을 요구할 자신감이 없는 부모에게는 위협이 될 수 있다. 비록 Williamson 등의 연구는 중도 · 중복장애아동의 부모참여에 대해 다루고 있으나, 일반적으로 사정 과정에 부모를 참여시키는 것은 중요한 함축적인 의미를 내포하고 있다. 다양한 어려움을 경험한 좀 더 높은 연령의 아동을 둔 부모를 포함한 많은 부모는 사정 전문가가 '학습 이야기'의 사용을 통하여 총체적인 관점으로 평가할 수 있기 때문에 이러한 '학습 이야기'의 사용을 환영하고, 부모가 보다 동등한 기반 위에서 기여하고 있다고 느낀다.

부모의 관점에 강하게 동의하는 또 하나의 혁신적인 초기 실천 사례는 다음에 제시되는 북부 이탈리아의 사례다.

조기교육에 대한 레지오 에밀리아의 접근

레지오 에밀리아(Reggio Emilia)는 북부 이탈리아의 한 소도시로, 지난 50년 이상 동안 학령기 이전의 유아를 위한 철학과 실천이 발달하였으며, 이곳에 대한 국제적인 관심이 증가하고 있다. Scott(2001)은 레지오 에밀리아 접근법의 핵심을 규명하였는데, 이것은 영국의 전통적인 유아교육의 특징을 이루는 것으로, 아동 중심의 철학이 뒷받침된 실천적이며 학습의 기본 토대가 되는 아동의 자주성을 강조한다.

연구 인용문

센터에 있는 직원은 유아가 나타내는 생각을 다양한 방법으로 인식하고 기념한다. 레지오 에밀리아 조기교육은 유아가 말하는 것에 주의를 기울이고, 유아가 의미하는 것을 발견하는 데에 중요성을 둔다. ……지역 사회는 유아가 존중받을 만하며 풍부하고 막강한 학습자라는 것에 대한 강한 신념을 공유한다.

Scott, 2001, p. 22.

레지오 에밀리아 접근법의 기풍은 비고츠키와 브루너(Bruner)의 사회문화이론에 많은 영향을 받았다. 예를 들면, 센터 직원은 아동의 학습을 강화하기 위한 아동 및 가족과의 상호작용 관계 형성을 위하여 노력한다. 센터에서 적용한 교육학 방법은 상호성(reciprocity)과 반영(reflection)이라고 특징지을 수 있으며, 이는 성인과 아동 사이의 협력적이고 탐색적인 접근법을 의미한다(Edwards, 2003).

레지오 에밀리아 접근법에서 특별히 관심을 갖게 되는 것은 부모참여의 높은 수준이다. 이것은 이 센터의 발달에 기여한 다양한 역사적 및 문화적 요인에서 비롯된다. 제2차 세계대전 이후 상대적으로 빈곤한 남부지역에서 비교적 고용 전망이 양호한 북부지역으로 많은 이탈리아인이 이주하게 되었다. 이때 여성이 직업을 갖게 되면서 부모는 양질의 아동보육시설을 원하게 되었다. 부모는 당시 조기교육의 특징인 엄격한 교회 중심의 접근법에 대한 대안을 찾기를 원하였다(LeBlanc, 2008). 또한 부모는 전쟁 동안 이탈리아 문화를 지배한 파시스트 사상에 대한 대안을 찾기를 원하였고, 따라서 민주적인 가치 기반 위에서 조기교육이 발달하기를 희망하였다(Scott, 2001). 부모들은 레지오 에밀리아 접근법의 교육학 창시자라고 여겨지는 초등학교 교사 출신 Loris Malaguzzi의 도움을 받았다(Thornton & Brunton, 2005). 레지오 에밀리아에 유아센터를 설립한 것은 정부가 아니라 바로 부모였으며, 이는 이 센터의 교육철학에서 부모참여가 중심이 되도록 하는 데 기여하였다(New, 2007).

레지오 에밀리아에 거주하는 영어 교사인 Wendy Scott은 부모로서의 자신의 경험을 보여 주었는데, 부모의 지식과 기술이 가치가 있다는 것과 교육자의 융통성과 가능성이 부모와 교사 간의 관계성을 어떻게 촉진시키는지에 대하여 다음과 같이 언급하였다.

레지오 에밀리아 어린이집의 오전반에 출석하는 7개월 유아의 부모인 Jenny Leask는 부모의 관점이 중심적인 역할을 한다는 것에 대해 다음과 같이 설명하였다.

Jenny Leask는 교사가 Leask 자신과 남편의 기여도를 매우 존

연구 인용문

레지오 에밀리아 센터에 다니는 모든 아동의 부모는 그들이 가진 기술이나 관심이 무엇이든 간에 학교로 가져오는 것을 환영받았다. ……센터의 출입 시간이 자유롭다는 것은 교사가 부모와 정보를 교환하고 담소를 나누는 것이 가능하며 그것을 기뻐했다는 것을 의미한다. ……부모는 학교생활에 더 밀접하게 참여하는 것을 권유받았다. 교사와 부모의 면담은 정기적으로 개최되었고, 부모의 참여와 관찰은 활발한 토론을 불러일으켰다.

Scott, 2001, p. 39.

중해 주는 것이 놀라웠다고 하였다. Leask는 학부모 모임이 자주 열렸으며(학기당 3~4번, 수업 장면이나 야외 활동의 사진, 비디오를 보여 줌), 보통 저녁 9시 이후에 시작해서 항상 자정이 넘을 때까지 진행된 것이 아마도 일하는 부모의 참여를 용이하게 하기 위해서인 것 같다고 하였다. Leask는 남편과 함께 실천적인 면(예: 야외수업 시 보조교사로 활동, 센터의 장비 수리 등)에 참여하거나 행정적인 면(교육 문제 또는 정책을 연설하는 학교 모임 지원 등)에 참여하는 것에 대해 선택할 수 있었다고 하였다. 확실히 레지오 에밀리아 접근법은 이 가족에게 중요한 영향을 미쳤다. "부모로서 우리의 경험은 ……아이와 부모가 학교라는 사회 안에서 함께 배우는 것에 대한 우리의 생각과 기대를 완전히 변화시켰다고 생각한다."
(Leask, 2001, p. 47)

연구 인용문

교사는 하루 일과를 시작하고 끝낼 때 항상 부모와 대화하며 부모의 이
야기를 들을 준비가 되어 있었고, 샘(Sam)이 점심으로 먹은 것, 낮 시
간 동안에 참여했던 집단 활동을 보여 주는 일정표를 가지고 있었다.
……학기를 마칠 때 샘의 교실에는 아동과 성인 높이의 게시판에 있는
단어와 사진을 통해서 아동의 학습 장면을 보여 주어 진보를 관찰할 수
있도록 하였다.

Leask, 2001, p. 45.

레지오 에밀리아 센터는 아동이 처음으로 이 센터를 이용할 때,
부모를 환영하고 또 학교에 편안함을 느낄 수 있도록 다양한 방법
을 사용하였다. 영국에 있는 많은 조기교육 센터는 이러한 중요한
시기 동안 부모를 위한 다양한 워크숍과 모임을 조직한다. 그러나
이 센터에서 특별하게 관심을 끄는 것은 이 시기를 학습 등 다른
문제에 집중하기보다는 교육자가 부모에게서 배우는 기회라고 여
긴다는 것이다. Linda Thornton과 Pat Brunton(2005)은 센터에
가입한 아동의 부모에게 제공하는 프로그램의 핵심 목적이 부모
의 전망을 탐색하게 하는 것이라고 하였다. 그 프로그램은 가족의
마음을 편안하게 해 주고, 교육자에게 부모와 대화할 수 있는 기
회를 제공하며, 자녀에 대한 부모의 독특한 관점을 이해하기 위한
목적으로 계획되었다(p. 51). 특히, 부모에게 제공되는 안내 책자
에 소개된 센터의 상세한 계획을 통하여 부모가 자녀에게 제공되

는 교육에 대해 더 잘 알 수 있게 하며, 이를 확신시킴으로써 부모를 도와주는 것이라고 하였다(Thornton & Brunton, 2005).

　레지오 에밀리아 센터는 특수교육이 요구되는 유아와 아동의 부모에게도 많은 것을 제공한다. 이탈리아에서 특수교육이 요구되는 아동은 대개 영국에서 '중도(severe)'에 해당하는 경우다. 이탈리아에서는 '특수교육 요구'라는 용어가 비교적 경도 수준의 다양한 곤란을 갖고 있는 아동 집단을 광범위하게 일컫지는 않지만, 영국의 경우는 약 20%가 이에 해당된다. 이 용어(특수교육 요구)는 이탈리아 학령기 인구의 약 1.7%에 해당하며, 영국에서는 이 비율에 해당하는 아동의 경우에 특수학교에서 교육을 받는다(Phillips, 2001). 레지오 에밀리아 센터에서 이러한 아동을 위해 제공하는 지원의 형태와 수준은 매우 가치가 있다. 만약 아동에게 특수교육이 필요한 것으로 확인되면, 이탈리아의 법에 의거하여 한 학급에 학생 정원이 20명을 넘지 않도록 하고, 그 아동을 지원하기 위해 특수교사를 배치한다(Phillips, 2001). 이는 통합 환경에서 아동을 지원하는 혁신적인 접근법이라 할 수 있다.

　'레지오 아동 단체(Reggio Children Organization)'는 1994년에 설립되어 전 세계적인 유아 서비스와 교사, 연구자 사이의 교육적 및 문화적 교환 프로그램을 촉구하게 되었다. 이 단체에 관한 보다 자세한 정보와 레지오 에밀리아 센터에 관한 것은 www.reggiochildren.it에서 찾아볼 수 있다.

결 론

이 장에서 소개된 여러 프로젝트를 통해 반복적으로 제시되는 주제는 접근하기 어려운 부모를 위한 교사의 긍정적인 태도다. 이는 가정에서 자녀의 학습을 도와주는 부모참여의 형태를 존중하고 인정하는 태도를 포함한다. 하지만 이것은 교사의 긍정적인 태도가 어떻게 형성될 수 있는지에 대한 의문을 갖게 한다. 교육적 중재와 관련한 유명한 격언이 있는데, 그것은 바로 행동 변화가 종종 태도 변화보다 앞선다는 것이다. 달리 말하면, 변화를 위한 가장 효과적인 방법은 먼저 사람들의 행동을 바꾸는 것이다. 일단 개인이 행동을 달리 하기 시작하면, 새로운 세계관이 뒤따르게 된다. 하지만, 행동 변화가 태도 변화를 가져올 수 있다는 표현은 학교와 가족 간에 성공적인 관계를 발달시키기 원하는 사람들이 직면하게 되는 딜레마에 궁극적인 해답을 제공하지는 못한다. 이것은 바로 방향성에 대한 딜레마다. 긍정적인 교사의 태도가 학교-가정 연계를 더 돈독하게 만드는 것인가? 아니면, 이와 반대로 돈독한 학교-가정 연계가 긍정적인 교사의 태도를 양산하는가? 결론적으로, 이 2가지는 복합적으로 발생하는 것 같아 보이며 쌍방향적이고 상호작용하는 것이다.

이 장에서는 4개의 프로젝트를 소개함으로써 접근하기 어려운 부모와 관계를 형성할 때 학교에서 고려할 수 있는 실제 사례를 보여 주었다. 부모참여에 대하여 긍정적인 관점을 가진 학교는 이

러한 접근법을 더 잘 발달시킬 수 있겠지만, 활동적인 참여의 과
정 그 자체로도 긍정적인 태도를 가져올 수 있을 것이다.

chapter

04

영국의 성공적인
프로젝트

서 론

이 장에서는 영국에서 발달된 다양한 중소 프로젝트에 대해 소개할 것이다. 슈어스타트(Sure Start)나 가족학습(Family Learning)과 같은 국가적 규모의 대규모 프로젝트는 이 장에 포함시키지 않았으며, 이러한 프로젝트에 대한 정보는 웹 사이트를 참고하기 바란다(www.surestart.gov.uk; www.campaign-for-learning.org.uk).

이 장에서 소개하는 프로젝트는 다양한 이유로 선별되었다. 3장에서 언급한 대로, 이러한 프로젝트의 중점은 접근하기 어려운 부모와 일하는 학교를 위한 것이다. 프로젝트는 빈곤 지역에서 주로 발달되었는데, 그곳에서는 부모와 교사를 밀접하게 연결시켜 주는 데 많은 어려움이 있었다. 프로젝트의 접근법은 가족이 아동에게 제공할 것이 많다는 점을 인식하는 학교의 사례를 포함하고, 학교 직원이 가족의 요구를 인식하며, 이러한 요구를 충족시키기 위해 조정을 하는 적응(adaptation) 형태를 포함한다. 각 프로그램은 다양한 상황과 환경에 적합하게 발달, 적용되는 특성을 가진다. 프로젝트는 자금 지원의 양보다도 부모참여에서 보다 더 중요한 독창적이고 창의적인 접근법을 사용하였다.

레터박스 클럽

2장에서 가장 문제로 언급되었던 것 중의 하나는 바로 위탁보호 아동의 낮은 학업 수준이다. 정부 보고서 『돌봄 문제(*Care Matters*)』(Department for Education and Skills, 2006)에서는 보호 중인 많은 아동이 학교에서 전혀 진보를 나타내지 않는 것에 대해 우려를 표명하였다. 이들은 모든 연령대에서 성적의 현저한 차이를 보였으며, 2005년 GCSE에서 좋은 성적을 보인 15~16세에 해당하는 위탁보호아동의 비율은 다른 아동에 비해 5배나 적었다. 16세 이후 취업훈련을 받는 보호 중인 청소년은 일반 청소년에 비해 더 낮은 확률을 보였으며, 십 대 임신, 실업, 약물 사용, 수감될 확률이 더욱 높게 나타났다. 보고서는 위탁보호아동의 낮은 성적에 대해 5가지의 핵심 요인을 제시하였다.

- 불안정성: 위탁보호아동은 배치가정이 자주 바뀌게 되며, 이는 잦은 전학을 유발시킨다.
- 학교에서 보내는 적은 시간: 보호 중인 청소년은 학교의 외부 또는 학습을 위한 다른 공간에서 많은 시간을 보낸다.
- 교육에 대한 부족한 지원: 보호 중인 아동은 성적이 떨어질 때 더 많은 학업적 지원을 요구한다.
- 부족한 지원과 격려: 보호자는 아동의 학습과 발달을 위해 가정에서 아동에게 적당한 수준의 지원과 격려를 할 준비가 되

지 않았으며 이를 요구받지도 않는다.

● 부족한 정서적 지원: 보호 중인 아동은 그들의 정서적 및 육체
  적 건강과 복지를 위한 더 많은 도움을 필요로 한다.

위탁보호아동의 약 2/3가 위탁부모와 함께 살고 있으며, 나머지는 대부분 보호명령의 대상이 되어 아동의 가정에서 부모와 함께 거주한다(Social Exclusion Unit, 2003). 위탁부모는 보호 중인 아동의 교육을 지원하는 데 매우 중요한 역할을 한다. 레터박스 클럽(Letterbox Club)은 위탁가정에 의해 양육되는 7~11세 아동의 성적을 향상시키기 위한 실제적인 접근법이다. 이것은 레스터 (Leicester) 대학교 교육학과의 Rose Griffiths에 의해 실시되었고, 북트러스트(Booktrust, 역자 주: 영국의 독서자원단체)에 의해 관리되었다(www.booktrust.org.uk).

초기에 이 프로젝트의 시범 사업은 4개 학교에 다니는 위탁보호아동을 위해 개발되었다. 여기에 사용된 창의적인 접근법 중의 하나는 아동에게 직접적인 자원을 제공하는 것이었다. 이는 프로젝트를 시작하기 전 몇몇 위탁부모와의 사전 인터뷰를 통해 결정하게 되었는데, 어떤 위탁부모는 가정에서 위탁아동의 읽기나 수학을 도와줄 수 있었지만, 어떤 가정은 이에 대한 열정을 가지고 있지 않았다. 일부 위탁부모는 아동의 학습을 돕는 역할에 관해 확신이 없다고 이야기하거나, 아동이 참여할 동기가 없을 것이라고 생각하였다. 그래서 책과 학습 자료를 개별 우편으로 아동에게 직접 배달하였고, 아동이 이것을 사용할 것인지 혹은 위탁가정에

있는 다른 사람과 공유할 것인지, 그렇지 않을 것인지에 대해 자유롭게 결정할 수 있도록 하였으며, 위탁부모는 아동의 이러한 결정에 관여할 수 없었다. 이 프로젝트의 목적은 읽기와 수학에서 아동의 태도와 성취를 향상시키는 것이었으며, 또한 가정에서 학업을 도와주는 위탁부모의 확신을 증가시키는 것이었다.

레터박스 클럽 프로젝트가 시작되기 전, 한 위탁부모는 아동에게 우편으로 전달되는 학습 자료가 때로는 아동과 접촉이 금지된 가족구성원에게 전달될 가능성을 언급하였다(역자 주: 우편물이 위탁가정이 아닌 본래의 가정으로 발송된 경우). 그래서 자료를 빨간 봉투에 담고 그 위에 'Letterbox Club'이라는 스티커를 붙여 발송하였다. 이 프로젝트의 수행 초기 단계에서는, 각 소포에 한두 권의 책(소설, 시, 비소설 등), 수학 문제집, 그리고 가위나 풀처럼 문제풀이 활동을 위해 필요한 문구류를 동봉하였다. 소포는 6개월 동안 매달 발송되었다. 또한 각 소포 안에는 아동을 위해 개별적으로 작성한 편지가 들어 있었다. 프로젝트를 시작하기 전, 아동의 읽기와 수학 수준을 평가한 뒤 아동의 연령과 수준을 고려한 책과 수학 문제집을 발송하였다. 소포에는 이야기책과 카세트테이프를 동봉하였는데, 이것이 가장 인기가 많았던 것으로 나타났다. 또한 아동은 수학게임도 매우 좋아하였는데, 표지에는 '이것은 ○○의 것입니다.'라고 아동의 이름을 적어 넣을 수 있는 개별화된 이름표를 부착하였다.

레터박스 클럽의 성과를 평가하기 위하여 7~11세 아동 20명, 위탁부모, 교사가 이 프로젝트의 시범 평가에 참여하였다. 9명의

아동이 이 프로젝트의 적용 마지막 시점에 초등학교를 다니고 있
었으며, 이 중 5명의 아동이 이전보다(3명의 아동은 각 14, 16, 18개
월 연령의 읽기 수준을 나타내었다) 읽기에서 많은 향상을 보였다.
그리고 9명의 아동 중 6명이 수학에서 향상을 나타내었다. 많은
위탁보호아동은 개별적으로 발송된 레터박스 클럽 소포를 여는
것이 매우 중요했다고 이야기하였으며, 이것이 처음 받아 보는 편
지나 소포였다고 하였다.

　이 프로젝트의 책임자는 이 프로젝트와 관련된 여러 가지 작은
문제들을 지적하였다. 소포에 도서관 회원 신청 양식과 전단지를
포함시켜 놓았지만 지역 도서관에 등록한 아동은 아무도 없었던
것으로 나타났다. 따라서 Griffiths는 이후에 도서관 티켓과 특별
한 도서관 행사에 관한 정보를 알려 주는 것이 더 좋은 방법일 것
같다고 제안하였다. 또한 아동의 흥미와 학업 수준에 적합한 자료
나 책을 선정하는 것이 어려운 일이었다고 하였다.

　북트러스트와 레스터 대학교는 2007년과 2008년에 국가 시범사
업을 위하여 영국의 아동 · 학교 · 가족부(Department for Children,
Schools and Families)와 펭귄(Penguin, 역자 주: 영국 출판사)의 후원
을 받았다. 아동의 읽기, 수학, 기타 학습에 대한 긍정적인 결과를
보여 주는 2007년의 중간보고서는 www.letterboxclub.org.uk에서
찾아볼 수 있다. 2009년에는 영국 전역에 있는 4,500명 이상의 아
동이 레터박스 클럽의 회원으로 가입하였다. 레터박스 클럽에 관한
추가적인 정보는 www.booktrust.org.uk와 www.letterboxclub.
org.uk에서 찾아볼 수 있다.

커피 마시며 이야기 나누기

　가족에게 보다 광범위한 서비스를 제공해야 한다는 학교의 인식은 1980년대 초반 미국을 중심으로 발달하였으며, 특히 불우한 지역 아동의 학습부진에 대처하기 위해 시작되었다(The Scottish Office, 1998). 이러한 인식의 발달은 아동과 청소년의 교육적·사회적·정서적·신체적 요구를 충족시키기 위하여 서비스가 보다 종합적으로 접근해야 한다는 것과 학교가 사회적 소외 및 박탈과 관련된 문제를 해결할 수 없다는 것을 보여 주었다(Wilkin et al., 2003). Karayiannis(2006)는 지역사회 자원으로서의 학교라는 개념이 전 세계적으로 점점 더 받아들여지고 있다고 하였다. 미국의 '풀서비스 학교(Full Service Schools)'처럼 스웨덴에는 '열린 학교(Open Schools)'가 있고, 캐나다에는 '학교 플러스(School plus)'가 존재한다. 영국 정부는 학교가 부모 및 지역사회와 더 굳건한 관계를 형성할 것을 권장한다(Department for Education and Skills, 2004d, 2007b). Dyson과 Robson(1999)은 지역사회를 학교의 자원으로 바라보기보다는, 가족과 지역사회에 확대된 서비스를 제공하는 학교가 지역사회에 대한 자원으로서 기능해야 함을 제안하였다. 또한, 학교 직원은 지역사회의 요구에 대한 역할을 학교에서 행하는 하나의 '활동'으로 볼 것이 아니라, 학교의 핵심 목적으로 인식할 필요가 있다고 제안하였다.

　스코틀랜드의 통합 지역사회 학교는 사회적 소외를 감소시키기

위하여 다른 기관과 밀접하게 협력할 것을 강조하였다. 통합 지역
사회 학교 프로그램의 목적은 교육, 건강, 복지서비스를 한 시설
아래, 즉 학교에서 아동과 부모에게 제공하는 것이다(Tett, 2005).
이러한 통합 지역사회 학교에 대한 열망은 사회 정의에 그 뿌리를
두고 있으며, 실제로도 이에 대한 많은 요구가 일어나고 있다. 이
러한 요구에 따라 구체적·실체적인 프로젝트에 대한 설명이 이
루어지기 시작하였으며, 이러한 열망이 어떻게 현실화될 수 있을
지에 대한 통찰을 제공하였다. 이에 대한 한 가지 사례는 Illsley와
Redford(2005)에 의해 소개된 '커피 마시며 이야기 나누기(Drop
in for Coffee)' 프로젝트다. 스코틀랜드의 통합 지역사회 학교의
핵심 목표 중 하나는 부모와 지역사회 간의 관계를 강화시키는 것
이다. '커피 마시며 이야기 나누기' 프로젝트는 스코틀랜드의 한
지역사회 학교와 노스 퍼스(North Perth)에 위치한 센터에서 발달
된 것으로 핵심적인 요소는 다음과 같다.

- 유치원, 초등학교, 중·고등학교에서는 부모가 커피를 마시
  러 학교에 '잠깐 방문'하도록 초청한다.
- 부모와 교사가 처음 접촉하는 것은 의도적이지만 비공식적
  으로 이루어지며, 부모는 자녀를 유치원이나 학교에 데려다
  주면서 교사를 운동장에서 만나거나, 학부모 모임을 통해 만
  나게 된다. Illsley와 Redford(2005)는 한 어머니가 이 프로젝
  트에 초대되었을 때 다음과 같이 이야기했다고 하였다. "저
  는 집단으로 하는 것은 원하지 않아요. 하지만 잠깐 커피를

마시러 학교에 들를 수는 있어요." 이 어머니는 3년 동안 이 프로젝트에 참여하였으며, 커피 모임이 자신에게 미친 영향력에 관해 학회에서 발표도 하였다.

● 커피 모임에 참여하는 부모(대개 어머니)의 수는 6~12명으로 다양하였으며, 4~6세 자녀를 위한 놀이방도 함께 제공하였다.

● 모임에서는 부모를 위한 특별활동을 결정하였는데, 여기에는 예술, 미술, 요리, 진학상담을 위한 주임교사의 초대 등이 포함되었다.

● 커피 모임에 참여한 대다수의 부모는 차후에 성인교육, 자원봉사, 가족학습 기회 등을 진행하였다. 하지만 그 이후의 모임(Coffee Too, Coffee Extra)에는 부모의 보다 개인적인 발달을 지원하기 위한 컴퓨터 강좌나 창의적인 작문활동 등의 다양한 수료과정이 포함되었다.

● 모든 모임은 학교, 유치원, 아동서비스센터(전형적으로 교육, 사회사업, 건강서비스가 한 장소에서 같이 이루어짐)에서 열렸다. 격식을 차리지 않는 특성 때문에 서로 자연스럽게 정보를 공유할 수 있었다. 교사나 학교 직원은 종종 커피 모임에 방문하여 부모에게 안부 인사를 하고, 요리한 음식을 맛보며, 만든 작품을 감상하고, 그냥 커피만 마시든지 아니면 간단하게 과일 한 조각을 먹기도 하였다(Illsley & Redford, 2005, p. 164).

이 프로젝트의 평가 과정에서 주임교사는 부모들이 이 프로젝트 이전에는 자신이 다가가면 머리조차 들지 않았었지만, 지금은 커피 모임에 참여함으로써 부모 자신들이 더 말하고 싶어 하는 것 같다고 하였다(Humphris, 2004: Illsley & Redford, 2005에서 재인용). 커피 모임의 무격식성이 부모의 참여를 이끌었으며, 가족들을 편안하게 대해 주고 불안감을 극복하게 해 주었다. 저자들은 많은 부모가 학교를 다닐 때 부정적인 경험을 가졌고, 학업적 성취를 이루지 못했으며, 또한 공식적인 자격을 취득하지 못했음에 대하여 언급하였다. 이 프로젝트는 참여하는 부모를 고려하여 배려 깊은 방법으로 접근하였는데, 당혹감이나 불편함을 없애기 위해서 의도적으로 기획된 방식으로 가족을 지원하였다. 부모에게 지식과 기술을 확대할 수 있는 기회를 제공하였으며, 다양한 단체에서 전문가를 초빙하였다. Tett(2005)는 스코틀랜드에 있는 통합 지역사회 학교가 사회적으로 소외된 가족에게 특히 집중한다고 하였는데, 이 가족은 빈곤, 열악한 주거환경 및 건강, 저조한 학업 성과 등 여러 어려움을 경험하고 있었다. 이러한 어려움은 단지 가족뿐만 아니라 교사에게도 지원을 제공해야 하는 전문가에게 난감한 문제였다. 통합 지역사회 학교의 중요한 점은 학교 직원이 자신들만 일을 하고 있다고 생각하지 않는 것이다. Tett(2005)가 강조하였듯이 오직 하나의 기관만이 아닌 학교를 포함한 여러 기관이 가족이 직면하는 복잡한 문제에 대응하기 위해 노력하는 것이 이러한 방식이 가진 장점이라고 하였다.

인스파이어(INSPIRE)

Beryl Bateson(2000)은 INSPIRE 프로젝트(읽기와 수학에서의 부모참여)를 소개하였다. 이 프로젝트의 구성은 다른 여러 부모참여 프로그램의 구성을 기반으로 하였다. INSPIRE는 버밍햄에 있는 유치원과 초등학교 370곳에서 이루어졌으며, 도움이 필요하다고 여겨지는 특정 집단을 대상으로 하기보다는 모든 부모를 참여시키는 데에 목적이 있었다.

버밍햄 지방 당국은 INSPIRE에 막대한 지원을 제공하였다. 이러한 지원은 지방 당국이 성인의 학습 필요성에 중점을 두고 있었기에 가능하였다. 정부 당국은 읽기와 수학에서 낮은 능력을 가진 사람은 사회적으로 소외를 당할 우려가 높으며, 취업이 되지 않거나 저임금의 미숙련공으로 취업될 가능성이 높고, 노숙자가 되거나 범법자가 될 우려가 높다고 여겼다. 버밍햄에서는 읽기와 수학 능력의 향상을 위해서, 1996년에 '핵심 기술 발달 파트너십(Core Skills Development Partnership)'(www.coreskills.co.uk)을 조직하였다. 이것은 국립 기본기술단체(Basic Skills Agency)뿐만 아니라 다양한 시 의회 부서와 자원봉사 서비스로 구성되었으며, 버밍햄에 거주하는 모든 연령대에 속하는 사람들의 읽기와 수학 능력의 향상이 목적이었다. 특히, 이것은 읽기와 수학 학습에 부모와 가족을 참여시키는 것을 중요한 목적으로 두었다. 이는 INSPIRE 프로젝트가 초등학생 자녀를 둔 가정에 초점을 맞추었기 때문이다.

INSPIRE 프로젝트는 부모뿐만 아니라 부모와 함께하는 교사나 전문가의 태도와 신념을 변화시키는 데에도 목적을 두고 있다.

연구 인용문

부모는 학교에 관련된 일이나 자녀의 학업을 도와주는 것에 대해 자신감을 갖지 못한다. 부모 스스로가 교육에 관한 좋지 않은 경험을 가졌던 경우들이 있으며, 부모는 어떻게 관여해야 하는지 잘 모르거나 혹은 관여하기 위한 최신의 정보를 가지고 있지 않기도 하다. 모든 학교나 교사가 부모가 편안하게 참여할 수 있도록 하는 것은 아니다. 이러한 장벽에는 학교에 이용할 만한 시설이 없고, 교사와 만날 수 있는 시간이 거의 없으며, 어린 형제를 위한 보호시설이 없고, 의사소통할 수 있는 공통의 언어가 없는 등 실제적인 어려움이 존재한다. 그래서 우리는 부모를 참여시키는 것이 변화를 가져올 수 있고, 우선순위로 삼을 만큼 가치가 있다는 것을 학교 직원들이 인정할 수 있도록 그들을 고무시켜야(INSPIRE) 했다. ……역으로 교사는 부모와 가족이 자녀의 학습을 지원하기 위해 가정에서 이미 수행한 것과 앞으로 수행할 수 있는 일의 가치에 관해 부모와 가족을 고무시켜야(INSPIRE) 했다.

Bateson, 2000, p. 56.

INSPIRE 담당자는 다양한 사회적 · 문화적 배경을 가진 부모가 아동의 교육에 의미 있게 참여할 수 있으며, 아동의 학습에 중요한 영향을 미친다는 사실을 학교 교직원이 확신할 수 있도록 하였다. Bateson(2000)은 INSPIRE의 목적을 다음과 같이 제시하였다.

- 학교와 가정 간의 효과적인 협력관계를 형성한다.
- 가정에서의 학습 기회를 늘리고 강화한다.
- 학교에서 가르치고 배우는 것에 관한 정보를 부모와 공유한다.
- 읽기와 수학에서 학업 성취도를 높이는 데 기여한다.

INSPIRE의 핵심적인 특징은 다음과 같다(Bateson, 2000).

- 주임교사, 교사 그리고 기타 상급직원에게 지방 당국에 의해 실시되는 하루 일과 훈련을 제공한다.
- 각 학교는 학교 기반의 부모참여 워크숍을 계획하고 준비한다. 학교는 초기 단계 동안 훈련받은 멘토를 활용할 수 있는데, 이러한 멘토는 INSPIRE 경험을 가지고 있는 교사로서, INSPIRE를 시작하는 학교를 지원하기 위하여 지방 당국에서 유급 배치된다.
- 해당 학급의 학생은 부모, 조부모, 이웃, 친구를 학교로 초대하여 워크숍 동안 그들을 돕도록 한다.
- 교사는 부모에게 보낼 학교행사에 관한 안내문을 작성하면서, 가족구성원의 워크숍 참여가 중요함을 강조한다. 학교 직원은 부모에게 개별적으로 연락하여 안내하고, 참여하기 어려운 가족이 참여할 수 있는 방법에 대해 의논하기 위해 전화로 연락한다.
- 교사는 부모를 위해 읽기 및 수학 표준(National Literacy or

Numeracy Framework)의 구체적인 목표에 관련된 교육과정
을 기반으로 하여 실제적인 활동을 구성한다.

● 학교 직원은 부모(확대가족구성원이나 다른 특별한 성인)가 학
교 현관이나 다른 교실(워크숍이 열리는 곳이면 어디든지)에서
기다리는 동안 환영한다. 워크숍을 개최하기 위한 가장 좋은
시기는 개학 날 아침에 아동을 데려다 줄 때나, 점심시간이
지난 오후 시간이다.

● 홍미 있는 활동(게임, 노래, 인형극)이 이루어지는 동안 초대
된 성인은 교실에서 자녀의 옆자리에 앉는다.

● 워크숍을 시작할 때, 교사는 활동을 제시하며 성인의 역할이
무엇인지를 설명해 준다(아동이 들어오기 전 혹은 아동이 있을
때에도 가능하다). 워크숍 전에 아동과 함께 준비하는 것은 그
들의 관심을 이끌어 내는 데 효과적이다(예: 가면, 인형, 게임,
노래 연습).

● 초대된 성인과 아동은 직원과 보조자의 도움을 받아 교실에
있는 다양한 자료를 가지고 함께 특별활동을 시작한다. 성인
과 아동이 어떠한 과제를 할지 선택하도록 하며, 가족은 이
자료를 집으로 가져갈 수 있다.

● 각 학교마다 한 명의 교사가 INSPIRE 활동을 관리하고 조정
하는 책임을 맡는다.

● INSPIRE는 Family Literacy(www.literacytrust.org.uk),
Bookstart(www.bookstart.co.uk), Flying Start(http://services.
bgfl.org/services), Early Start(www.literacytrust.org.uk)와 같

은 가족 학습 프로그램과 연계되어 있다.

연구 인용문

INSPIRE는 교사, 부모, 그리고 자녀가 함께할 수 있도록 기회를 제공하며, 부모가 자녀를 지원하는 활동에 참여하도록 한다. 우리는 부모가 진정으로 이것을 원한다고 믿는다.

Bateson, 2000, p. 56.

버밍햄은 영어가 모국어가 아닌 소수민족집단과 흑인이 상대적으로 많이 거주하고 있는 열악한 지역이다. INSPIRE는 도시의 부유한 지역에서 온 부모뿐만 아니라, 불우한 지역에서 온 부모도 포함하는데, 불우한 지역에서 온 부모는 학교 참여 범위가 넓지 않고 일반적으로 교육에 거의 참여하지 않았다. 평가 결과에 의하면, INSPIRE는 버밍햄 도시 전체적으로 많은 가족을 참여시키는 데 성공하였다. INSPIRE는 수용시설에 거주하는 가족들에게도 서비스를 제공하기 위해 다양한 기관과 연계하였다.

INSPIRE 체계는 다양한 상황의 학교에 적용할 수 있고, 국가 수준의 교육과정에 뿌리를 둔 접근법이며, 교사에게 가장 중요한 우선순위인 아동의 학습이라는 주제도 유지한다. 이처럼 실용적이면서 복잡하지 않은 모델 구조는 융통성, 견고성 모두를 제공해 준다. INSPIRE는 아동에게 학교에 누구를 초대할 것인지를 결정할 권한을 부여하며, 활동 중심의 학습을 하게 될 때 부모와 성인이 교육과정에 접근할 수 있도록 하는 등 가치 있는 모델로 입증되었다.

가정-학교 지식 교환 프로젝트

'가정-학교 지식 교환(Home-School Knowledge Exchange: HSKE) 프로젝트'는 주로 브리스틀 대학교(University of Bristol)의 교육대학원에서 학교 직원을 중심으로 2001~2005년 사이에 실행되었다. HSKE 프로젝트는 경제사회연구소(Economic and Social Research Council)의 후원으로 수행되었으며, 책임자는 Martin Hughes 교수였다. 저자는 이 프로젝트 연구팀의 일원이었으며, 연구결과의 일부는 『기초 읽기의 향상: 가정과 학교의 연계(*Improving*

Primary Literacy: Linking Home and School)』(Feiler et al., 2007)에 서
술되어 있다. 다음은 Feiler 등(2006, 2008)에서 발췌한 것이다.

HSKE 프로젝트는 다음의 가설에 기반을 두고 있다. 이는 교사
와 부모는 아동의 학습을 강화해 주기 위한 적절한 지식을 가지고
있지만, 이 지식에 대해 서로 의사소통이 잘 이루어지지 않으며
이러한 지식을 서로 잘 활용하지 않는다는 것이다. HSKE 프로젝
트의 기획과 실행에 영향을 미친 핵심 원칙은 현재 존재하는 가족
의 방법을 신뢰하면서, 학교가 가족의 사회적 자본에 대해 더욱
민감하게 느끼며, 가족과 교사를 연결해 주는 연계를 촉진하도록
하는 것이다. 2장에서 제시된 바와 같이, Luis Moll 등(1992)은 모
든 부모는 광범위한 '지식의 보고(funds of knowledge)'를 가지고
있는데, 열악하거나 불우한 환경에 있는 부모도 이에 포함된다고
하였다. HSKE 프로젝트의 목적은 지식 교환 활동을 발전시키는
것이며, 부모의 지식을 기반으로 자녀의 학습에 가치 있고 중요한
도움을 제공하는 것이다. 이러한 지식은 자녀에게 학습이 어떻게
이루어지는지, 자녀를 동기화시키는 것은 무엇인지, 자녀가 알고
있는 것은 무엇인지, 자녀가 알고자 하는 것은 무엇인지를 포함한
다. 가족이 아동에 대해 '지식'을 가지고 있다는 인식은 학교에서
교사가 아동의 학습과 관련하여 교육과정을 구성함에 있어서 풍
성한 지식을 가지고 있는 것과 같다. 비록 교사가 교과 내용이나
교육학에 대해서는 많이 알고 있을지 모르지만, 아동의 학교 외부
생활에 대해서는 잘 알지 못한다. 마찬가지로, 부모는 가정에서
자녀의 관심, 기술, 홍미에 대해서는 잘 알고 있지만, 읽기나 수학

과 같은 교과 내용에 대해서는 잘 알지 못한다. HSKE 프로젝트의 핵심 목표는 아동의 학습을 향상시키기 위해 부모와 교사가 각자 가진 지식의 축적을 함께 공유하는 것이다.

HSKE 프로젝트는 다음 3가지의 '요소'를 포함한다.

- 1단계에서의 읽기 발달(5~7세 아동)
- 2단계에서의 수학 발달(7~11세 아동)
- 초·중등학교로의 용이한 진학(11~12세 아동)

HSKE 프로젝트 연구자들은 이러한 3가지의 '요소'에 토대하여 브리스틀 지역의 2개 초등학교와 카디프의 2개 초등학교, 즉 총 4개의 초등학교에서 다양한 지식 교환 활동을 수행하고 평가하였다. 이 활동은 아동의 학습을 위해 부모와 교사가 자신들의 지식을 공유하도록 서로 도우면서 가정과 학교가 더욱 밀접하게 연계되도록 하였다. 각 도시에서 초등학교 중 한 곳은 무료급식 비율이 다른 학교에 비해 높았다. 일반적으로 무료급식 비율이 낮은 학교는 대부분 사회경제적 수준이 중산층이지만 실제로는 혼합되어 있는 경우이며, 무료급식 비율이 높은 학교는 사회경제적 수준이 낮다는 것을 보여 준다. 2개 도시의 학교에서는 민족적 다양성이 존재하였다. 다음에 제시된 활동은 읽기와 수학에 대한 학습능력을 향상시키기 위한 접근법이다. 이 활동은 여러 가지 다양한 이유로 접근하기 어려운 부모를 찾아내어 참여시키는 것을 기본으로 하여 선택되었다. 다음에 제시되는 내용은 Feiler 등(2006)에서 발췌한 것이다.

읽기 · 수학 교수 전략에 관해 부모와 의사소통하기 위한 비디오의 사용

일반적으로 교사는 부모와 의사소통하기 위하여 문서를 활용한다. 그러나 부모와의 의사소통을 위해 사용한 출력물은 어떤 부모에게는 문제가 될 수 있다. HSKE 프로젝트에 참여했던 한 어머니는 다음과 같이 말하였다. "저는 11세가 될 때까지 글을 읽지 못했어요. ……학교에서는 '피터와 제인(Peter and Jane)' 책을 사용하곤 했는데, 저는 책을 집에 가져와서 언니에게 읽어 달라고 했어요. 그러면 저는 그것을 다 외웠기 때문에 사람들은 제가 읽을 수 없다는 사실을 전혀 눈치채지 못했어요……."

부모들은 영어를 읽을 수 있다 하더라도 이러한 매개를 통해 정보에 접근하는 것을 원하지 않을 수 있다. HSKE 프로젝트에 참가했던 한 부모는 영어를 늦게 습득하기는 하였지만, 학교에서 온 안내문의 내용을 이해하기 위해 놀이터에서 이루어진 다른 부모와의 네트워크에 대해 말하였다. "학교에 가면 대개 몇몇 사람들이 모여 있고 함께 이야기를 나눠요. 내가 '혹시 그 안내문을 읽은 사람 있나요? 누군가가 통역을 해 준다면 내가 그 편지를 읽지 않아도 될 것 같아요.' ……그러면 다른 부모들이 '음, 내가 생각하기에 이것은 ……에 대한 것 같아요.'라고 그 안내문에 대한 설명을 해 주고, 나는 '그렇군요.'라고 답하면서, 그 안내문을 읽지 않아도 어떤 내용인지 이해할 수 있게 되죠."

　부모와 의사소통을 하는 데 있어서, 문서에 대한 과도한 의존을 피하기 위한 대안 전략이 고안되었다. 가장 좋은 예는 바로 비디오의 사용이다. HSKE 프로젝트를 통해 부모는 자녀가 학교에서 배우는 것에 관하여 더 많이 알기를 원한다고 하였다. 4개의 모든 학교에서 읽기 수업 장면이 비디오로 녹화되었고, 2개 학교에서는 수학 수업이 녹화되었다. 학교에서 이루어지는 비디오 상영회에 부모가 참여할 수 없을 경우에는 각 가정으로 복사된 비디오가 제공되었다. 개별 복사품은 안내문이 함께 동봉되었는데, 안내문에는 가정에서 아동을 돕기 위한 방법과 교사가 강조하고 싶은 내용이 포함되었다.

　학교의 비디오 상영회에서 가장 많은 부모가 참석한(약 3/4의 부모들이 참석) 학교는 무료급식 비율이 낮은 학교였다. 이 학교 중의 한 학교는 오직 저녁 시간에만 상영하였음에도, 많은 부모가 참석하였으며 여기에는 일부 아버지도 포함되어 있었다. 이 학교의 교사는 부모의 높은 참석률에 놀랐고, 또한 참석한 부모들 때문에도 놀랐다(학업 성취가 저조한 학생의 부모가 참여하였기 때문이다). 한 학교에서는 서면으로 초청장을 발송하였고 동시에 교사가 학부모 모임을 통하여 개별적으로 부모를 상영회에 초대하였다. 읽기 활동이 잘 이루어지고 있으며 무료급식 비율이 높은 2개의 학교에서는 1/2 미만의 부모가 학교의 상영회에 참석하였고, 다른 학교에서는 1/3 미만의 부모가 참석하였다. 이와 같이 저조한 참석률은 가정에서 비디오를 시청할 수 있도록 해야 할 필요성과 중요성을 보여 준다.

읽기 관련 비디오는 전체 수업의 해석으로 편집되었으나, 수학 관련 비디오는 다른 형식이 사용되었다. 연산의 실행 절차에 중점을 두었으며, 이 절차는 영국이나 다른 나라에서 사용하는 교수법과는 다른 것이었다. 2명의 어머니는 다음과 같이 말하였다. "내가 혼란스러웠던 것은 연산 방법이 우리가 배웠던 것과는 다르다는 것이었어요. ……제가 제 방식대로 문제를 풀면 제 딸은, '어휴, 엄마는 우리가 하는 걸 잘 몰라.' 그래서 저는 제 방식으로 문제를 풀어 주고 나서 우리는 이러한 방식으로 연산을 한다고 말해 줘요. 그러면 딸은 '우와, 이렇게 하는 방식도 있구나.' ……"

가족 중에는 영어가 모국어가 아닌 경우도 있다. 가능한 한 다양한 가족에게 접근할 수 있도록 비디오의 일부 장면은 가족의 모국어로 녹화되기도 한다.

가정 지식에 의지하기-1회용 카메라 활용

부모가 학교에서 이루어지는 활동에 참여하기 어려운 이유는 여러 가지가 있다. 언어적인 어려움이 존재할 수 있고, 어린 자녀나 연로한 가족구성원을 돌보아야 할 수도 있으며, 학교 일과와 근무시간이 겹칠 수도 있고, 질병이 있을 수도 있으며, 또한 교통수단에 어려움이 있을 수도 있다. 비디오 자료를 가정으로 보내는 것은 이러한 어려움을 극복할 수 있도록 해 준다. 그러나 단지 학교 학습에만 중점을 두는 것은 학교 밖에서 이루어지는 경험을 배제할 수 있다는 논쟁이 있어 왔다(Caddell et al., 2000).

　　HSKE 연구자들은 학교와 가정의 지식 교환을 쌍방향 과정으로 촉진시키길 원하였는데, 즉 학교에서 가정으로뿐만 아니라 가정에서 학교로 지식이 전달되도록 하였다. 특히 그들은 아동의 학교 밖 세상을 교실 속으로 가져올 전략에 대하여 집중 탐구하였다. 이를 위한 매개체로는 사진이 사용되었으며, 학교에서는 아동에게 연휴기간 동안 가정에서 사용할 수 있는 1회용 카메라를 지급하였다. 아동은 가정에서 수업 주제와 관련한 모형 자동차 만들기, 살아 있는 생물체, 식물과 성장, 지역사회 환경 등과 관련된 사진을 찍어야 한다. 부모는 대부분 아동이 가정에서 사진 촬영하는 것을 도와준다.

　　무료급식 비율이 높았던 2개 학교에서는 아동이 가정에서 촬영한 사진을 가지고 책을 만들도록 하기 위하여 부모를 초대하였다. 이때 아동의 손위 형제도 함께 참여할 수 있도록 하였다. 두 학교 모두 절반 정도에 해당하는 아동의 부모가 참여하였다. 부모는 이미 사진이 찍힌 상황과 출처를 잘 알고 있었기 때문에, 부모의 이러한 지식은 아동에게 실제적으로 도움이 되었을 뿐만 아니라 아동이 사진의 의미를 잘 표현할 수 있도록 도와주었다.

학교가 아닌 곳에 아동의 작품 전시하기

　　일부 부모는 단지 학교에 있다는 것만으로도 불편함과 불안감을 경험할 수 있다. 이러한 느낌은 부모가 학창시절 동안 가졌던 부정적인 경험에 기인할 수 있다(Whalley, 2001). HSKE 프로젝트를 진행하던 한 학교(무료급식 비율이 높은 곳)에서는 의도적으로 학교와 멀리 떨어진 곳, 즉 많은 부모가 이용하는 슈퍼마켓 근처에서 아동의 작품 전시회를 개최하였다. 전시회에는 아동의 작품뿐만 아니라 이전의 활동사진, 예를 들면 가정에서 촬영한 사진을 모아 책을 만들 때 부모와 형제가 도와주고 있는 사진, 활동에 대한 설명, 부모에게 제공되었던 다양한 정보가 포함된다. 읽기 수업에 대한 비디오도 계속해서 상영되었다.

전시회는 이틀 동안 오전 8시부터 오후 6시까지 열렸다. 화사한 전시회 초대장을 가정으로 발송하였으며, 이때 슈퍼마켓 내 카페에서 커피나 차를 마실 수 있는 무료 음료권을 동봉하였다. 전시회에 참여한 부모의 숫자를 정확히 파악하기는 어려웠으며, 가끔씩 다른 수업에서 온 부모와 다른 지역사회 구성원이 방문하였기 때문에 매우 번잡할 때도 있었지만, 적어도 2/3 정도의 부모가 이 행사에 참여하였음을 알 수 있었다(이러한 수치는 이 학교의 읽기 비디오 상영에 참여한 부모 숫자보다 거의 두 배 이상 많았다).

전시회에 대한 반응은 매우 긍정적이었으며, 특별히 방문의 형태가 주목을 끌었다. 예를 들면, 인디언 전통을 가진 한 어머니는 이전에는 학교의 어떠한 행사에도 참여한 적이 없었지만 이번에는 아이들과 함께 2번이나 다녀갔으며, 혼자서도 다시 방문했다고 하였다. 아동의 조부모, 숙모, 사촌도 방문하였다. 부모는 자신들의 친숙한 지역에서 편안함을 느꼈고, 확대가족의 구성원과 이웃도 아동의 교육에 대하여 함께 관심을 가질 수 있었다.

HSKE 프로젝트에 대한 논의

앞서 제시된 활동의 각 형태는 다양하지만, 모두 부모나 가정의 관점으로 바라보기 시작하였다는 것이 특징이다. 부모의 관점이 하나의 통일된 관점으로 존재하지 않아 때로는 어려움이 있기도 하다. 즉, 한 가정에 적합한 것이 다른 가정에는 적합하지 않을 수 있다는 것이다. 학교에서 발송되는 안내문과 관련하여, 소말리아계의 한 어머니가 다른 가족구성원에게 번역을 부탁하지 않고 혼자서 그것을 읽을 수 있도록 자신의 모국어로 작성해 달라고 요청한 경우가 있었는데, 또 다른 소말리아계 어머니는 자신의 딸이 그것을 읽고 번역할 수 있기 때문에 영어로 보내 주는 것을 더 선호한다고 하였다.

이러한 이질성이 함축하고 있는 바는 학교가 부모에게 어떠한 활동과 지원이 도움이 될지를 찾아내려고 노력해야 한다는 것이다. 그러나 이는 쉽지 않다. 부모가 학교에 요구하는 것은 상당히 포괄적일 수 있다. 그리고 어떤 부모는 자신에게 무엇이 필요한지 잘 모를 수도 있다. Williams 등(2002)이 실시한 설문조사 결과에 의하면, 30%의 부모는 자신들이 자녀의 학교생활에 더 많이 참여하기 위해서 무엇을 할 수 있을지에 대해 잘 모른다고 응답하였다.

이러한 이질성이 함축하고 있는 또 다른 의미는 부모와 가족을 위한 적절한 활동을 선택해야 한다는 것인데, 하지만 하나의 활동이 모든 가족에게 적합할 수는 없다. 최선의 목적은 다양한 방법으로, 다양한 시간대에, 다양한 참여자를 포함할 수 있는 다양한

활동을 준비하는 것이다. 이때의 계획은 전체적인 목적에 적합해
야 하겠지만, 필요한 경우 조정이 이루어질 수도 있다.

　2장에서 어떤 가정을 '접근하기 어려운' 가정으로 제시한 것은
문제의 여지가 있는데, 그 이유는 이러한 표현이 서비스 접근을
어렵게 만드는 요소에 초점을 맞추기 때문이다. 영국 국립독서재
단(National Literacy Trust)은 다음과 같이 표현하였다. "가장 빈곤
한 사람들이 오히려 서비스를 이용하지 않는 경향이 있다. ……그
러한 집단은 때로는 '접근하기 어렵다'고 불린다. 이것은 논란의
여지가 있는 용어인데, 서비스 자체가 그 사람들에게 접근하기 어
렵다는 표현이 더 어울릴 것이다."(National Literacy Trust, 2005, p.
80) HSKE 프로젝트를 통해서 빈곤한 사람을 포함하는 다양한 사
회적 배경을 가진 부모가 자녀의 학습을 돕는 방법에 관해 더 많
이 알고자 한다는 것이 명백해졌다. 또한, 가정의 문화와 언어가
다양하기 때문에, 가족참여가 보다 잘 이루어질 수 있도록 부모와
의사소통하기 위한 다양한 접근법을 사용하는 것이 중요함을 보
여 준다.

　이 프로젝트에서 가장 중요한 부분 중의 하나는 가정과 학교의
의사소통이 효과적이었다는 것이며, 자녀의 학습에 대한 부모의
기여가 폭넓었다는 것이다. 이는 1회용 카메라로 촬영하는 활동
에서 나타났는데, 부모는 여러 가지 방법과 자원을 통해 자녀가
가정생활을 사진으로 기록할 수 있도록 도와주었다. 학교는 아동
의 학교 밖 생활에 대하여 건설적으로 바라볼 수 있었으며, 차이
점을 다양성으로 인식하게 되었고, 또한 접근하기 어렵다고 여겼

던 부모는 자녀의 학습에 적극적으로 참여하게 되었다.

HSKE 프로젝트에 참여한 학교는 연구팀에게서 활동 수행을 위한 지원을 받았다. 학교에 제공된 자원이 매우 풍부한 것은 아니었지만, 수업 참여를 위한 1회용 카메라 세트와 비디오 카메라가 제공되었다. 또한 학교는 모임을 위한 통역을 준비하였다. 일반적인 학교 예산으로는 필요한 자원을 공급하는 데 어려움이 있었기 때문에, 학교는 예산을 마련하기 위하여 지역사회 기업의 후원을 받거나, 지방 당국의 예산 일부를 통역비로 사용하였다. 또한 과학 기술의 발달로 비용을 감소시킬 수 있었는데, 디지털 카메라는 가격이 좀 더 저렴해졌고, 여러 명의 학생이 서로 공유하여 사용할 수 있었으며, 선택된 화면을 학교에서 출력하면 되었기 때문에 사진비용도 감소시킬 수 있었다.

아동의 학습을 지원하기 위하여 가정과 학교가 서로 지식을 교환하는 과정에 대한 5가지 핵심 원칙이 〈표 4-1〉에 제시되었다.

이 프로젝트의 연구자는 부모참여의 결과에 대해 과장된 긍정

| 표 4-1 | 아동의 학습을 지원하기 위한 가정과 학교의 지식 교환 과정의 핵심 원칙(Feiler et al., 2007)

- 모든 가족은 중요한 '지식의 축적'을 보유하고 있으며, 이는 학교에서 아동의 학습을 향상시키기 위해 사용될 수 있다.
- 의사소통은 쌍방향적으로 이루어져야 하며, 학교에서 가정으로, 그리고 가정에서 학교로 이루어져야 한다.
- 가정-학교 지식 교환은 획일적인 방식으로 제공될 수 없다. 어떤 한 상황에서 시도되고 검증된 매우 훌륭한 아이디어가 다른 상황에서는 적합하지 않을 수 있다. 그렇기 때문에 교사는 아이디어를 수정하고 적용시킬 수 있

도록 준비해야 한다.
- 아동과 가정이 보여 주는 다양성은 문제가 아닌 기회로 인식되어야 한다. 아동의 가정생활을 살펴보는 것은 학교에서 아동의 학습에 대한 자극과 동기를 높여 줄 수 있다.
- 부모와 교사가 알고 있는 것을 함께 공유한다는 인식이 중요하고, 아동 자신의 지식은 가정-학교 지식 교환 과정의 핵심이 된다.

적 결과를 표현하는 것을 피하고자 노력하였다. 하지만 그들은 부모참여의 복잡성과 어려움을 인식하면서도 가정-학교 지식 교환의 필요성과 중요성을 강조하였다.

결 론

이 장에서는 학교가 접근하기 어려운 부모와 관계 맺고자 할 때 필요한 좋은 모범사례를 소개하였다. Griffiths의 '레터박스 클럽'은 위탁보호 중인 아동의 읽기와 수학을 향상시키기 위해 매우 독창적인 방법을 사용하였다. 학습 자료를 아동에게 제공하는 데 중점을 두었으며, 이는 창의적이고 참여적인 방법으로 아동에게 전달되었다. 이 프로젝트가 실행되는 동안 위탁부모의 관점이 존중되었다. '커피 마시며 이야기 나누기'의 두드러진 특징은 부모를 참여시키기 위해 사용된 성공적인 전략이라는 것이다. 이 프로젝트에서 채택된 접근법인 무격식성은 일반적인 프로젝트가 가지는 전형적인 위험성을 피할 수 있도록 하였다. 부모를 참여시키기 위한 'INSPIRE' 구조의 단순성은 다양한 부모와 가족의 필요성을 충족시키면서 다양한 상황에서 사용될 수 있음을 의미한다. 마지막으로 'HSKE' 프로젝트의 핵심은 접근하기 어려운 부모를 참여시킬 전략을 계획할 때에는 다양성이 중요하다는 것이다. 다양한 집단의 요구를 충족시키기 위해서는 다양한 접근법이 고려되어야 한다.

다음 장에서는 부모를 참여시키는 방법으로 영국 중심의 가정 방문에 대해 살펴볼 것이다.

chapter

05

가정방문

서 론

가정방문은 다양한 프로젝트에서 아동의 학습에 가족의 참여를 촉진시키는 수단으로 채택되어 왔다. 가정방문은 전문가가 가족과 더 밀접하게 일할 기회를 제공하는데, 가족들이 학교행사에 참여하는 것을 기대하기보다는 가정으로 전달되는 지원이 더 효과가 클 것이라는 관점이다.

가정방문자는 부모가 자녀발달에 필수적이고 중심적인 역할을 한다는 인식에 기반을 두는 것이 중요하다. 이 장은 이러한 인식의 다양한 단계를 반영하는 전문가-부모 관계의 개념에서 출발한다. 그리고 영국의 2가지 초기 중재 프로젝트를 소개하는데(2가지 모두 브리스틀 대학교 연구팀에서 실시되었고, 브리스틀 지역에 있는 학교와 가정을 중심으로 이루어졌다), 하나는 읽고 쓰기 조기 행동 프로젝트(Literacy Early Action Project)로서, 이것은 학교와 부모의 연계를 만들며 읽고 쓰기에 문제가 있는 유아를 돕기 위해 기획된 가정방문 프로젝트다. 또 하나는 사우스 웨스트 자폐 프로젝트(South West Autism Project)로, 자폐성 장애유아 가정을 위한 프로젝트다. 마지막에서는 2가지 프로젝트의 공통 문제를 논의할 것이다. 2가지 모두 특별히 '접근하기 어려운 부모'를 대상으로 한 것은 아니지만, 가정방문은 여러 가지 이유로 인해 학교 참여와 사회복지기관 전문가와의 상호작용에 어려움을 겪는 부모가 보다 협력적이 될 수 있도록 한다. 이 장에서는 이러한 프로젝트를 중점적으로 다룰 것이다.

배 경

　전문가가 가정을 방문하고 부모와 관련해서 일할 때에는, 부모와의 관계를 발달시키면서 서로 존중하는 신뢰로운 협력관계를 형성하는 것이 중요하다. Midwinter(1977)는 「전문가-일반인 관계: 빅토리아 시대의 유산(The professional-lay relationship: a Victorian legacy)」에서 전문가와 부모 사이에 존재하는 것으로 알려진 큰 격차에 대해 다음과 같이 설명하였다. Midwinter는 과거에는 전문가가 '자선'을 베푼다는 생각으로 그들의 역할을 수행하면서 구시대의 빅토리안 체제를 엄격히 고수하는 경향이 있었다고 주장하였다. 이로써 전문가가 그들의 도움을 받는 사람들에게서 멀어져 버리게 된 불행한 결과를 초래하였고, 이들을 냉담한 전문가로 만들었다. Cunningham와 Davis(1985: Frederickson & Cline, 2002에서 재인용)는 전문가와 장애아동 부모 사이의 관계를 탐색함으로써, 전문가가 부모와 상호작용하는 방식에 대한 3가지 모델을 제시하였다. 그것은 바로 전문가 모델(빅토리아 시대의 전문가와 부모와의 관계를 나타내며, Midwinter의 의견과 일치), 전달 모델, 그리고 소비자 모델이다.

● 전문가 모델(Expert model): 이 모델은 전문가의 전문지식과 지

성이 부모보다 우월하다고 여기는 것이다. 전문가는 중재에 관한 결정을 내릴 때 부모와 아동의 관점을 크게 고려하지 않는다. 부모는 자녀를 지원하는 데에 확신이 부족하며, 이로 인해 전문가의 충고에 의존하게 된다.

- 전달 모델(Transplant model): 이 모델은 전문가 모델처럼 전문가가 자신의 전문지식을 최고로 인식하지만, 이것이 부모에게 전달되는 과정을 통해 부모도 유용한 자원이 될 수 있다고 생각하는 것이다. 부모의 기술을 향상시키는 것은 필요하지만, 중재와 교육에 대한 의사결정은 전문가가 결정한다. 전문가가 가정을 지원하고 아동의 진보에 관한 피드백을 제공하기 위해 부모에게 의지할 때, 부모의 자기 확신은 강화될 수 있으며, 전문가는 아동에 대한 전체적인 관점을 살펴볼 수 있다(아동의 발달에 영향을 줄 수 있는 사회적 요소와 가족을 고려하는 것에 대한 중요성을 인식하는 것이다).

- 소비자 모델(Consumer model): 이 모델은 부모를 전문가의 수동적인 수혜자가 아닌 서비스의 소비자로 간주한다. 부모는 자녀와 가족의 상황에 적절한 서비스의 측면을 선택하는 것과 어떤 서비스를 선택할 것인지에 대한 권리를 가지고 있다고 생각한다. 의사결정은 부모의 특혜이며, 부모-전문가 관계는 융통성과 협력으로 특징지어진다.

Cunningham와 Davis는 부모와 전문가의 관계가 실제로 이 3가지 모델에서 모두 반영될 수 있다고 하였다. 이들은 이러한 복잡한 과정을 특징화하기 위한 유용한 체계를 제공한다. 3장에서 언급한 바와 같이, 평가 과정에서 부모의 기여를 인정하는 뉴질랜드의 Williamson 등(2006)의 연구는 소비자 모델의 특성과 일치한다.

영국에서 가정방문과 관련한 제도는 셰필드 대학의 Peter Hannon과 Cathy Nutbrown 등에 의해 발달되었다. '읽고 쓰기에서의 조기 성취 향상(Raising Early Achievement in Literacy: REAL)' 프로젝트는 학령기 이전 아동의 읽고 쓰기 능력을 발달시키기 위한 목적으로 계획된 가족 문해능력 프로젝트다(Nutbrown et al., 2005). 이 프로젝트는 핵심적인 부모 역할에 대한 체계를 고안하였는데, Nutbrown 등은 초기 문해능력을 발달시키기 위해서 부모가 기회(Opportunities), 인식(Recognition), 상호작용(Interaction), 모델링(Modelling)(ORIM)을 제공해야 하고, 자녀는 초기의 읽고 쓰기 경험에 노출되어야 한다고 하였다(예: 그림책과 거리 이름 같은 환경적

| 표 5-1 | ORIM 체계(Nutbrown et al., 2005)

		중요한 초기 문해 경험			
		환경 인쇄물	도서	초기 쓰기	구어체
부모가 제공하는 핵심 경험	기회(예: 자녀의 그림 그리기나 글쓰기를 위한 재료 제공)				
	인식(예: 자녀의 그림이나 글씨를 전시하고 보여 주기)				
	상호작용(예: 글자 게임)				
	모델링(예: 신문 읽기와 TV 안내문)				

인 인쇄물에 접근). ORIM 체계는 〈표 5-1〉에 제시하였다.

　가정방문과 관련된 또 다른 중요한 프로그램으로 '포티지 (Portage)'가 있다. 이 프로그램은 영국의 학습부진 아동을 위한 가장 오래된 가정방문 서비스 중의 하나로, 부모의 전문지식에 큰 가치를 둔다. 이 가정방문 서비스는 원래 미국에서 시작되었으며, 영국에서는 1970년대에 처음 실시되었다. 영국 국립 포티지 협회 (National Portage Association, www.portage.org.uk)는 포티지 프로그램을 지원이 필요한 가정과 학령기 이전 아동을 위한 가정방문 교육 서비스라고 설명하였다. 훈련받은 포티지 가정방문 교사는 매주 가정을 방문하여 약 1시간 정도 머무른다. 부모의 지식과 아동의 발달에 대한 확인을 통하여 아동의 강점 확인, 미래 학습목표 결정 과정에 도움을 준다. 아동이 이미 할 수 있는 것에 대해 확인하고, 그러한 능력을 축적해 나가는 데 중점을 둔다. 부모는 학습목표에 대한 계획을 주도하며, 아동과 가족에게 포티지 가정방문 교사가 제공하는 지원이 필요하다는 것을 계속해서 주장한다. 매주 가정방문이 이루어지는 동안, 포티지 가정방문 교사는 지난 방문 이후의 아동의 진보상태를 질문하고, 다음 방문 때까지 아동이 성공적으로 수행할 수 있도록 부모와 연계된 활동을 계획한다. 아동은 장기목표에 따라 새로운 기술을 습득하게 되고, 부모는 가정방문 교사가 제공한 차트에 아동의 진보상황을 기록한다. '소비자 모델'은 포티지 프로그램에서 보이는 가정방문 교사와 부모와의 관계를 설명해 주는데, 이러한 중재는 개별화되며 아동과 가족의 요구에 맞추어진다. "포티지는 각 가정과 그들의 개인적인 우선순위를 존중하는 지원체계를 제공한다. 이는 개별 아동과 가족의 요구에 대하여 융통성 있게 적용되는 모델이다." (www.portage.org.uk)

포티지 모델의 강점은 학습장애와 발달장애 유아 가족에게 실제적인 지원이 제공된다는 것이다. 장애유아 부모의 요구 조사에서 일관성 있게 나타나는 것은 그들이 초기부터 자녀의 행동을 지도하는 방법과 자녀의 의사소통 기술을 발달시키기 위한 실제적인 안내를 받기 원한다는 것이다. 포티지 모델은 부모가 요구하는 이러한 문제를 해결할 수 있는 체계를 제공하고, 이는 부모에게 매우 가치 있게 평가된다. 이것은 융통성 있는 체계를 제공하며, 부모를 의사결정의 중심에 둔다.

다음은 유아의 초기 문해 발달을 지원하기 위한 목적으로 이루어진 가정방문 프로그램을 소개한다. 이 프로그램은 부모가 자녀를 지원하는 데 중심 역할을 하며, 포티지 모델과 유사한 요소들을 포함한다.

읽고 쓰기 조기 행동 프로젝트

읽고 쓰기 조기 행동 프로젝트(The Literacy Early Action Project: LEAP)는 저자와 Elaine Logan이 실시한 초기 중재 연구에서 발췌한 것으로 가정방문이 포함되어 있다(Feiler & Logan, 2007). LEAP에 참여했던 브리스틀 학교의 한 아동이 첫해에 읽고 쓰기에서 대

단한 진보를 보인 사례연구를 제시하고, 이러한 결과에 기여한 요
소를 탐색하였다. 이 초기 중재 프로젝트 동안에 보조교사는 매주
가정방문을 실시하였으며, 담임교사가 읽고 쓰기에 어려움이 있
는 것으로 판단한 신입생을 위해 부모 또는 보호자와 함께 언어
지원활동을 실시하였다.

　학교와 부모 간의 협력이 중요한 이유는 가정이 아동의 미래 학
습을 위한 중요한 기반을 제공해 주며, 가정에서 읽고 쓰는 연습이
학교에서의 성공과 실패를 결정짓는 요소가 된다는 점을 인식하
기 시작했기 때문이다(Gregory & Williams, 2004). Cairney(2003)는
비록 조기 가정학습의 중요성이 오랫동안 강조되어 왔지만, 아동
에 대한 가족구성원의 영향력이 학교생활을 넘어서까지 확대된다
는 사실은 비교적 최근에서야 인식되었다고 하였다. 학교가 부모
와의 친밀한 관계를 형성하기 위해 고려할 수 있는 접근법은 바로
가정방문이며, 이는 부모에게 지원을 제공하는 효과적인 장치가
된다.

　보조교사의 증가, 그리고 이들을 문해교육에 보다 직접적으로
참여시키는 것은 영국 초등학교에서 보다 개별적인 지도와 소집
단 활동을 용이하게 하여 아동의 읽고 쓰기 표준을 향상시키는 중
요한 전략적 요소가 되었다. 그러나 영국 정부는 보조교사가 이
중재 프로그램을 발달시킬 충분한 자신감과 지식을 항상 가지고
있는 것은 아니라고 보고하였다(Office for Standards in Education,
2004). 게다가 영국에서는 보조교사가 부모참여를 촉진시키는 역
할을 할 수 있다는 것에 대한 연구가 거의 이루어지지 않았다. 하

지만, LEAP에서는 보조교사가 읽고 쓰기에 관한 자신의 지식을 유아와 가족에게 성공적으로 적용시킬 수 있었다. 학교는 유아의 학습을 지원하기 위해 보조교사가 부모와 밀접하게 일할 수 있을 때 이 프로그램을 고려해 볼 수 있다.

LEAP: 행동 취하기(action taken)

LEAP는 교사가 읽고 쓰기 영역에서 추가적인 지원이 필요하다고 판단한 신입생(정규 학교의 가장 첫 학년에 해당하는 4~5세 아동)의 부모를 위해 가정 기반의 지원을 제공하는 조기 중재 프로그램이다. 가을 학기가 시작된 후 1/2 기간 동안 교사와 보조교사는 각 학급에서 읽고 쓰기 학습에 어려움이 있는 2명의 아동을 선별한다. 보조교사에 대한 훈련 제공 이후, 보조교사는 아동의 가정을 매주 방문한다(약 1시간 정도 머무른다). 일반적으로 가정방문은 가을 학기의 1/2 선이 지난 다음에 시작한다.

여기서는 도시 내의 4개 학교에서 추가적인 도움이 필요하다고 확인된 8명의 아동들이 참여한 프로젝트의 과정을 제시하였다. 아동을 위한 가정방문은 대부분 2003년 가을에서 2004년 봄까지 지속되었다. 각 학교에는 아동과 가족이 사용할 읽고 쓰기 자료를 구입하기 위해 400파운드(약 106만 원)가 제공되었다. 이 프로젝트를 위해 Elaine Logan이 비상근 연구원으로 지명되었고, Logan은 매주 팀 회의 동안 가정방문을 실시하는 4명의 보조교사를 지원하였다. 4개 학교에서 8명의 아동이 이룬 성과에 대한 양적 자료에서 아동이 새로운 문해기술을 습득하였으며, 그 수준이 다른 학생과 동일한 선상에 있는 것으로 확인되었다. 특히, 프로젝트에 참여한 아동 중 유세프(Yousef)는 같은 교실에 있는 다른 아동과 비교했을 때 상당한 성과를 나타내었다. 가정방문 프로젝트에 대한 설명은 유세프의 문해 습득과 관련된 요인들을 탐색하는 데 초점을 두었다.

유세프는 쿡 초등학교(Cook Primary school, 학교 이름과 아동의 이름은 가명임)에 다니는데, 쿡 초등학교는 도시 내의 극빈곤층을 대상으로 하는 다른 학교보다도 규모가 더 작은 것으로 나타났다. 70% 이상의 아동이 영어를 추가적인 언어로 사용하였으며, 무료 급식을 받고 있는 아동도 이 정도의 비율로 나타났다(전국 평균의 3배 이상). 아동의 전학이 매우 잦아, 학기 동안 많은 아동이 전학을 가기도 하고 오기도 한다. 이 학교로 전학을 오는 아동은 흔히 성적이 매우 낮고, 특히 사회성 기술과 문해능력이 떨어진다. 학교에서 직원들은 상당한 어려움에 직면하였지만, 교육의 질은 높은 것으로 판단되었으며, 교사는 각 교실에서 긍정적인 학습 분위기를 성공적으로 조성한 것으로 알려졌다. 주임교사의 지도력과 관리능력에 대해서는 칭찬이 자자하였다. 최근 이 학교에서 이루어진 향상의 핵심에는 주임교사의 비전, 결정력, 전폭적인 헌신이 중요하게 작용했던 것으로 평가되었으며, 부모는 주임교사와 학교 직원에게 매우 큰 확신을 갖고 있었다고 알려졌다.

이 연구가 수행될 당시 유세프(모국어가 영어인 유일한 아동)는 집이 불에 타서 어머니, 8세와 11세인 2명의 사촌들과 함께 자신의 할머니 댁에서 살고 있었다. 유세프의 어머니는 비정규직으로 야간에 이루어지는 육체적인 노동일에 종사하였다. 이 프로젝트가 시작되기 전, 유세프는 문제 행동 때문에 특수교육 대상자로 분류되었다. 교사는 이 연구를 통해 유세프의 학습이 향상될 수 있을 것이라 기대하고 이 연구에 참여시키기로 결정하였다. '유세프는 학습에 접근할 수 있는 사회적 기술을 전혀 가지고 있지 않았으며, 나는 LEAP가 그를 학습에 보다 집중할 수 있도록 도울 것이라고 생각하였다.'

보조교사는 유세프의 집을 26번이나 방문했는데, 이는 프로젝트에 참여한 다른 7명 아동의 정기적인 가정방문 횟수인 16번에 비교하였을 때 상대적으로 많았다. 유세프의 어머니는 평일 오후 4시 30분부터 6시 30분까지 청소부로 일했는데, 보조교사가 방문하였을 때 항상 집에 있었던 것은 아니었다. 보조교사는 유세프의 어머니가 부재중일 때에는 유세프의 할머니를 만났고, 유세프의 가족이 유세프의 읽고 쓰기 활동에 참여할 수 있도록 촉진하는 역할을 하였다. 유세프를 위해 계획된 읽고 쓰기 활동의 예는 〈표 5-2〉에 제시하였다.

유세프를 포함한 쿡 초등학교의 신입생은 초등학교 수행척도 (Performance Indicators in Primary Schools: PIPS) 자료를 통해 평가되었다(PIPS Project, 2002). 기초선 평가는 2003년 10월에 실시되었고 성과 자료는 2004년 6/7월에 수집되었다. PIPS 평가 이외에도, 유세프의 어머니, 가정방문을 실시하였던 보조교사, 신입 학급 교사, 주임교사와의 면담이 이루어졌다.

| 표 5-2 | LEAP 당시 유세프를 위해 계획된 읽고 쓰기 활동의 예

- **2003년 11월:** 어머니 혹은 할머니가 유세프에게 짧은 이야기를 읽어 주면 유세프가 자신의 말로 다시 이야기하기, 카드 맞추기 게임하기(같은 소리를 내는 그림과 글자 맞추기), 이름과 3개의 글자 소리 배우기

- **2004년 1월:** 옥스포드 읽기 나무(Oxford Reading Tree) 시리즈에서의 핵심 단어를 인식하기 위한 카드 맞추기(mum, dad, Biff, Chip, Kipper), 이름 쓰기 연습하기, 이름과 5개의 글자 소리 배우기

- **2004년 3월:** 단어 찾기 게임하기(2차원 표에 새겨진 12개의 핵심 단어 인식하기), 12개의 핵심 단어 읽기와 쓰기, 핵심 단어로 빙고 게임하기(보드 위에 핵심 단어가 적힌 단어카드를 맞추며 게임하기), 동물그림과 이름을 맞게 연결하여 선 긋기

- **2004년 6월:** 혼자서 동화책 읽기, 큰 분필로 마당에서 크게 글자 쓰기, 어머니의 도움을 받아 운율(rhyme)로 단일음절 단어 만들기

- **메모:** 비록 위의 예들이 놀이와 같은 학습 접근법을 선택하고 있으나, 이름과 소리, 문자, 카드의 개별 단어 구별하기 등의 전통적인 문해 학습 내용에 중점을 두고 있다.

유세프의 문해능력 향상

신입학년이 시작될 때 이루어진 기초선 평가에서 유세프는 자신의 이름을 쓰려고 하면서 이름 대신 문자 같은 기호를 적었다. 알파벳 문자를 보여 주었을 때 하나도 소리 내지 못했으며, 무슨 문자인지 알지 못했고, 단 하나의 단어도 읽거나 구별할 수 없었

다. 신입학년이 끝날 무렵 평가를 다시 실시했을 때, 유세프는 많은 향상을 보여 주었다. 이름을 써 보라고 하였더니 모든 문자를 알아볼 수 있도록 바로 적었으며, 알파벳 26개 문자 중에서 25개의 소리를 낼 수 있었고, 이름을 맞출 수 있었으며, 10개의 기본 단어를 구별할 수 있었다(집, 오리, 개, 고양이 등).

가정방문이 시작되기 전 유세프의 PIPS검사(PIPS Project, 2002) 읽기 영역의 점수는 17명의 아동 중에서 열세 번째였다. 학년 말 PIPS검사에서 유세프의 읽기점수는 9점으로 네 번째를 차지하였다. 이 검사에서 유세프의 읽기 수준은 전국 신입생의 평균과 동

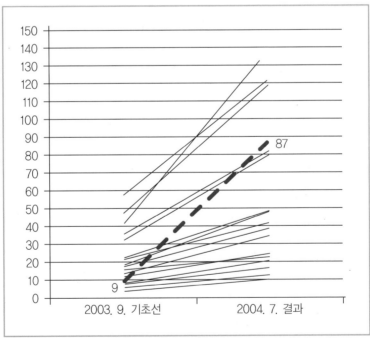

[그림 5-1] 쿡 초등학교 신입학년의 읽기 영역에 대한 기초선과 결과의 원점수 (PIPS) (유세프의 점수는 점선으로 표시)

등했다. [그림 5-1]은 신입학년 동안에 유세프와 그의 학급에 있
는 다른 아동들의 PIPS검사에 대한 읽기 영역의 원점수를 보여
준다.

　다음은 유세프의 어머니, 보조교사, 신입반 담임교사, 주임교사
와의 면담에서 제시된 핵심적인 주제를 설명한다. 이 사례연구에
서 제시된 주제는 유세프의 문해 습득과 관련되는 요소를 탐구하
기 위한 중점적인 내용을 반영해 준다.

보조교사의 가족문화에 대한 민감성

　여기서의 첫 번째 주제는 온화함과 편안함으로, 가정방문을 실시
할 때 가족에게 접근하는 보조교사의 태도를 나타내고 있다. 가족
을 존중하는 보조교사의 태도와 적극적인 접근법은 유세프의 어머
니 및 조부모와 성공적인 관계를 형성하는 데 밑거름이 되었다.

　가족문화에 대한 전문가의 민감성은 초기 중재 관련 문헌에서
그 중요성이 강조되어 왔다. Dyson과 Robson(1999)은 부모가 이
미 수행하고 있는 것에 의지하고, '문화제국주의'의 형태를 피하
며, 가족의 문화를 존중하는 것이 중재 프로그램을 위해 필수적이
라고 하였다. Edwards와 Warin(1999)은 많은 교과로 힘들어하는
초등학교 교사가 부모를 단순한 보완적인 교수법상의 지원 자원
으로 인식하게 될 수도 있다는 우려를 제시하였다. Edwards와
Warin은 교사와 부모가 서로 수용할 수 있는 기대치를 형성하기
위해 부모 역할에 대한 접점이 필요함을 강조하였다.

확대가족구성원의 참여를 촉진시키는 융통성

LEAP의 중요한 특징은 다양한 가족구성원, 아동의 형제, 친구가 가정에서의 읽고 쓰기 활동에 참여하는 것이며, 이때 가정방문을 뒷받침하는 중요한 요인은 보조교사의 융통성이다. 이는 방문 시간을 정할 때도 나타나는데, 어린 동생과 조부모를 비롯한 다양한 가족구성원이 참여할 수 있도록 가족과 시간을 맞추는 것이다 (Feiler, 2005). 이 연구에서, 유세프의 조부모는 유세프의 어머니가 일하러 갔을 때 손자의 양육을 도와주며 중요한 역할을 하고 있었다. 그래서 여기서는 유세프의 조부모와 다른 가족구성원이 유세프의 읽고 쓰기 학습을 지원하는 과정에 참여할 수 있도록 하는 것이 중요하였다. 이를 위해 보조교사는 유세프의 사촌이(함께 살고 있음) 읽고 쓰기 활동에 참여하도록 하였다. 유세프의 어머니는 다음과 같이 말하였다. "그래요, 사촌이 해 주었어요. 사촌은 가끔씩 유세프와 함께 활동을 해요(즉, 유세프의 사촌이 읽고 쓰기 활동에 함께 참여함). ……제가 시간이 없기 때문에 사촌이 유세프와 같이 해 줘요. 그래서 유세프의 사촌 형에게 유세프를 도와 달라고 요청하면 같이 해 줘요. 제가 시간이 없다면, 아마 그 아이가 저를 위해서 대신 해 줄 거예요."

중재의 중심에 아동을 두기

유세프의 어머니와 보조교사는 유세프가 가정방문을 좋아한다고 하였다. "유세프는 보조교사의 방문을 매우 좋아했어요. 유세프는 처음에는 학교에 갔다 온 뒤 조금 피곤해했어요. 하지만 지금은 수요일에 보조교사가 온다는 것을 알고 기대하면서 더 이상 피곤해하지 않아요. ……유세프는 수요일이 되면 '오늘은 수요일이에요.'라고 나를 상기시켜 줘요." 유세프가 가정방문을 좋아하는 이유는 보조교사가 유세프를 중재의 중심에 두고 있기 때문이다. 보조교사는 자신의 접근 태도를 다음과 같이 묘사하였다. "저는 그 아이에게 '오늘 오후에는 무엇을 할까?'라고 말해요. 그 집에 도착하면 우리는 '우리 뭐할까?'라고 말하는 것부터 시작해서 진행해 나가요. 제가 계획한 것을 살짝 알려 주기도 하지만, 그게 효과가 없다면 그냥 아이가 이끄는 대로 따르죠."

부모-교사 참여 접근법에서 아동을 중심으로 바라보는 것은 이전 장에서 제시되었던 가정-학교 지식 교환 프로젝트의 연구자에 의해서도 확인되었다(Feiler et al., 2007). 학교와 부모가 협력하는 활동의 중심에 아동을 두는 것은 아동의 읽고 쓰기 학습에 대한 매우 긍정적인 성과를 가져올 수 있다.

재미있는 접근법 사용하기

보조교사는 유아에게 재미있게 접근하는 것이 그들의 학습을 용이하게 하는 중요한 요소임을 강조하였다. "저는 바닥에 서서 놀이를 해요. 놀이를 통해서 아이에게 어떤 것을 가르칠 수 있지만, 사실 아이는 그것이 공부하고 있는 것인지를 깨닫지 못해요. 한 친구가 저에게 '네가 어떻게 하는지 잘 모르겠어.'라고 말하는 이유는 그 친구가 우리 집에 올 때마다 제가 아이와 마루 위에 서 있었기 때문이에요."

연구는 놀이와 조기 문해기술의 소리 발달 간에 관련이 있음을 지지한다. Roskos와 Chistie(2001)는 1990년대에 실시된 놀이와 조기 문해 간 관계성에 대한 연구를 검토하였으며, 놀이가 아동의 문해 발달에 기여한다는 증거가 있다고 결론 내렸다. 유사한 맥락에서 Marsh와 Millard(2000)는 놀이 접근법이 문해 학습에 대한 유아의 자신감을 향상시킬 뿐만 아니라 가정과 학교 간의 자연적인 연결(natural link)을 제공해 줄 수 있다고 하였다.

부모참여를 촉진하는 학교문화

쿡 초등학교의 직원들이 부모참여의 가치를 강조하였다는 것에 주목해야 한다. 주임교사는 지역사회에서 부모와 밀접한 관계를 형성하였고, 가족에게 존경을 받았으며, LEAP를 학교와 부모와의 관계에 대한 자연적인 연장으로 바라보았다.

LEAP: 결과에 대한 논의

LEAP 사례연구에서 나타난 아동의 진보는 대단하였다. 학기가 시작될 때 유세프는 읽고 쓰는 능력이 낮았으나, 학년 말에는 신입학급에서 가장 뛰어난 읽고 쓰기 능력을 가진 아동 중의 한 명이 되었다. 보조교사에 의해 제공된 가정방문 지원이 중요한 역할을 하였는데, 가정에서 부모에게 접근하는 모델인 가정방문 프로그램은 가족참여를 위한 효과적인 전략임이 분명하였다. 유세프의 어머니, 조부모, 사촌이 그의 조기 문해 발달에 적극적으로 참여하였으며, 보조교사의 융통성 있는 접근법은 이 과정을 용이하게 해 주었다. 이는 다른 핵심 요인(보조교사의 가족문화에 대한 민감성, 중재의 중심에 아동을 두기, 재미있는 접근법 사용하기, 부모참여를 촉진하는 학교문화)과 함께 유세프의 문해 발달에 기여하였다. 이러한 측면은 유세프가 어머니와 조부모에게서 받았던 지원의 질에 기여하였으며, 유아의 문해 발달에 대한 강력한 예측 요인 중의 하나가 가정에서의 읽고 쓰기에 대한 지원이라는 사실에 대해 설득력을 얻을 수 있었다(National Literacy Trust, 2005).

이 사례연구의 결과는 Sylva 등(2004)의 연구결과와 일치하는데, 이는 '어린이집 교육의 효과적인 제공(Effective Provision of Pre-School Education: EPPE)' 프로젝트로 3~7세 유아의 아동발달에 관한 유럽의 종단연구다. 아동 학습에 대해서 토론할 때, Sylva 등은 가정환경의 중요성을 강조하였으며, 부모가 자녀의 활동에 적극적으로 참여할 때 아동의 지적·사회적 발달이 촉진된다고 하였다. 또한, 저자들은 비록 EPPE 프로젝트의 유아 학습결과가 부모의 교육 수준과 사회적 지위와 관련된 것으로 나타났으나, 이보다도 더욱 중요한 요인은 가정에서의 학습 환경의 질이며, 부모의 사회적 배경보다도 부모가 자녀와 함께한다는 사실이 더 중요한 요인으로 나타났다고 하였다.

LEAP에서 보조교사는 유세프의 문해기술 발달에 가족의 기여가 중요했음을 공개적으로 명시하였다. 보조교사는 유세프와 가족을 결손의 관점으로 즉, 그들을 어떤 기술이나 가치가 부족한 '궁핍한' 사람으로 바라보지 않았고, 유세프의 발달을 향상시켜 주는 가족구성원과 함께하면서 가족의 사회적 자본을 신뢰하였다. 이는 학습에 대한 사회문화적 관점을 반영하는 것으로, 아동의 발달은 아동이 경험하는 환경과 조건에서 분리될 수 없는 것으로 인식하였다.

보조교사가 유세프가 다니는 학교의 신입학급에서 일하며, 유세프의 가정을 정기적으로 방문했다는 사실은 보조교사가 유세프의 구체적인 성과 수준에 반응하였으며, 가정에서 이용할 수 있는 지원과 자원에 토대하여 문해 활동을 제공하였음을 의미한다. 부모 참여에 대해 조사한 교육표준청(Office for Standards in Education)의 결과에 따르면, 문해 학습에 효과적인 학교는 부모가 아동의 문해 학습에 참여하도록 고무시키는 경향이 있다고 하였다(Office for Standards in Education, 2004). 아동의 학습에서 보조교사의 기여에 대한 인정이 갈수록 증가하고 있는데, 정부 검사관은 다음과 같이 보고하였다. "교사가 아동을 위한 계획을 세울 때 보조교사를 포함하거나 최소한 그들에게 충분하게 설명한다."(Office for Standards in Education, 2005, p. 22) LEAP의 주요한 특징은 영국의 보조교사는 유아를 위한 지원을 제공할 뿐만 아니라, 부모와의 협력에 대한 접근법을 발달시키기 위해 더 많은 노력을 기울인다는 것이다.

다음에서는 부모를 위해 가정 기반의 지원을 제공하는 또 하나의 조기 중재 연구 프로젝트인 사우스 웨스트 자폐 프로젝트를 소개할 것이다.

사우스 웨스트 자폐 프로젝트

여기서는 자폐성장애아동의 부모를 대상으로 한 연구에 대해 다룰 것이다(Webster et al., 2004). 읽고 쓰기에 어려움을 가진 아동과 마찬가지로, 자폐성장애는 부모의 유아를 위한 가정 기반의 중재가 매우 가치 있다고 여겨지는 또 하나의 영역이다.

사우스 웨스트 자폐 프로젝트(South West Autism Project: SWAP)
는 브리스틀 지역에서 자폐성장애로 진단받은 유아의 부모를 위
한 조기 중재 지원을 위해 가정방문 체계를 사용하였다. 가정방문
교사는 가족구성원 간의 의사소통과 사회적 상호작용을 포함한
가족의 환경과 선호도에 특별한 관심을 기울였다. 서비스를 기획
하고 실행할 때 아동과 가족을 우선순위에 두고, 가족의 기존 일
상 안에서 중재를 적용하였다. 이것은 '특별한 아동과 가족의 생
태학'에 대한 민감성이라고 불렸다(McCollum, 2002, p. 6). 조기
중재에 대한 연구에서, McCollum은 아동발달은 발달이 이루어지
는 상황과 분리될 수 없다는 중요한 원칙을 확인하였다. LEAP의
접근법과 마찬가지로, 중재는 치료만을 단독으로 강조하거나 아
동만을 강조하는 것이 아닌, 아동의 발달에 영향을 미치는 양육환
경이나 형제, 부모를 고려해야 한다는 것이다. '상황 가운데 발달
(development-in-context)'이라는 원리는 사회적 상호작용, 언어
및 인지 발달에 대한 기초로서, 자녀에게 반응하는 가족구성원의
역량을 강화(대체가 아닌)하는 중재 형태로 나타난다.

여기서 논의되는 연구의 주된 초점은 자폐성장애아동(autistic
spectrum disorders: ASDs) 부모의 관점에 대한 것이다. 특히 조
기 중재와 가정방문 지원에 대한 부모의 경험뿐만 아니라, 자녀
가 자폐성장애로 진단되었을 당시의 충격과 초기 진단 절차에
대한 부모의 경험도 함께 연구하였다. 연구에는 부모 스스로 아
동에게 중재를 수행하고 있는 6가정의 부모가 참여하였다. SWAP
을 수행하기 전 자폐성장애아동을 위한 유아전용 서비스가 없었

던 상황에서, 응용행동분석(applied behavioural analysis: ABA)
에 기반한 집중적인 중재를 관리하기 위해서 지방 당국에 자금
을 요청하고 지급받게 되었다. 일반적으로 이러한 가족들은 지
방 당국의 외부 ABA 전문가에 의해 지원을 받게 되며, ABA 전
문가는 아동의 초기 평가를 실시하고, 치료 계획을 수정하며, 아
동의 진보를 주기적으로 점검한다. 대부분의 ABA에서는 새로운
기술을 일련의 훈련을 통해 학습시키는데, 아동이 목표행동(예:
'앉기'라는 지시 따르기, 어른의 얼굴 바라보기 등)에 대해 올바른 반
응을 보일 때 칭찬, 토큰, 음식물과 같은 보상을 제공함으로써
목표행동을 증가 또는 유지시킨다. 하지만, 신체 흔들기나 손 흔
들기와 같은 부적절한 행동은 무시한다. ABA 교사는 직접적으
로 아동을 중재하면서 부모를 중재에 참여시키는데, 이러한 훈
련은 각 아동을 위하여 매주 40시간씩 2년 혹은 그 이상 동안 제
공받을 수 있다.

　SWAP는 그 방향이 절충적이다. 9가정이 연구 참여에 동의하였
으며, 이들은 집중 상호작용(intensive interaction)과 같은 언어치료
방법과 그림교환의사소통체계(Picture Exchange Communication
System: PECS), 그리고 시각적 시간표(visual timetables)와 사회적
이야기(social scripts)와 같은 전략이 포함된 행동 접근법을 훈련받
은 SWAP가족 가정교사의 도움을 받았다. 가족의 요구를 충족시
키는 맞춤 서비스가 제공될 수 있도록 융통성 있는 접근법을 강조
하였다.

　부모는 가정교사와의 면담시간을 정할 수 있는데, 주당 최대 25시

간까지 가능하며, 최소 3개월마다 시간에 대한 협의가 진행된다. 일반적으로 주당 10시간이 평균적이다(주당 2.5~25시간까지 다양하다). 가족들이 선호하는 중재는 다양한데, 가족들은 전통적인 ABA방식보다는 아동의 요구를 충족시키는 맞춤전략을 선호한다. 그리고 가족이 직접적으로 참여하는 역할은 매우 다양하며, 또한 자신들을 위한 프로그램의 구성도 다양하다. 대부분의 부모들은 SWAP 가정교사와의 면담시간뿐만 아니라 프로그램의 전달과 실행의 전반적인 부분에도 기여하였는데, 이는 아동의 적극적이고 의도적인 의사소통을 발달시키며 의사소통 상대자의 참여가 가능하도록 조절하였다. 이것은 자폐성장애(ASD)를 해결할 핵심 요소가 된다(Potter & Whittaker, 2001).

SWAP 가정교사가 아동의 부모와 형제에게 모델링, 코칭, 장기간의 전략을 전달해 주기 위한 정기적인 가정방문은, 가족 내에서의 의사소통 환경을 강화하고, 가족이 독립적이고 자치적으로 행동할 수 있도록 하는 권한을 주기 위한 것이다. SWAP의 또 다른 요소는 유치원에 있는 직원과 가정교사가 서로 긴밀하게 협조하여 가정과 놀이집단 간, 학교 간, 유치원 간의 전환을 무리 없이 진행하는 것이다. 가정교사는 아동이 잘 통합될 수 있도록 하고, 가정에서 개별 아동에게 적합한 전략을 제공하며, 문제가 발생했을 때 문제해결을 위한 전략들을 제시해 준다. 이를 통해 아동은 학교 일과에서 주어지는 지시를 이해하고, 집단에서 또래와 함께할 수 있는 사회성 기술을 익히게 된다.

연구도구로 설문지와 반구조화된 인터뷰를 사용하여 부모참여에 대한 설명을 구체화하였다. 여기서는 ASD 아동을 둔 15가족이 연구에 참여하였으며, 아동의 연령은 2세 9개월부터 6세 8개월까지였다. 일부 인터뷰는 양쪽 부모 모두가 참여했지만, 대부분의 응답자는 어머니였다. 다음에 제시되는 연구 인용문은 SWAP 가정교사의 지원을 받았던 9명의 어머니와의 인터뷰에서 발췌한 것이다.

사우스 웨스트 자폐 프로젝트-핵심 결과

실제적 지원을 위한 우선순위

연구에 참여한 많은 부모는(15명 중에서 9명) 자녀의 ASD 진단 이후에 즉각적으로 받을 수 있는 실제적 지원에 대한 정보가 부족하다고 하였다. 일반적으로 부모는 전문가가 가족의 요구에 민감하지 않으며 진단 외에는 그들의 역할을 확대하여 수행하지 않는 것으로 생각하고 있었다.

부모는 진단을 받고 나서 SWAP나 ABA 가정교사의 중재가 시작되기 전까지 전문가에게서 가장 필요한 지원이 무엇이었는지에 대한 질문을 받았다. 15명 중 13명의 부모는 아동의 의사소통 및 언어 기술과 행동에 대한 대처라고 응답하였다. 특히 공공장소에서 상당한 스트레스를 유발할 수 있는 아동의 문제 행동을 다루는 것이 부모의 가장 큰 걱정이라고 표현하였다.

연구 인용문

"……저는 진단 직후인 10월과 11월부터 전화를 200번 넘게 걸었어요. 제가 과장해서 이야기하는 게 아니에요. 전화요금 청구서를 확인해 보시면 아실 거예요. 저는 자폐성장애와 관련된 모든 곳과 모든 사람들에게 전화를 걸었어요. ……저는 즉각적인 도움이 필요했어요."

"……의사는 이렇게 말했어요. '맞아요. 이 아이는 자폐를 가지고 있네요. 보세요. 그렇죠? 6개월 지나서 다시 오세요.' ……진단을 받고 당황해서 어찌할 줄 몰랐죠. ……앞으로 어떻게 하라는 방향도 제시되지 않았던 것이 정말로 두려웠어요."

South West Autism Project에 참여한 어머니들

가족의 소외

설문지와 인터뷰 모두에서 나타난 중요한 주제는 ASD의 막대한 영향력이었다. 응답자 중 한 명의 부모를 제외하고는 모두 아동의 요구가 자신들의 삶을 바꾸어 놓았다고 하였다. 이것은 여러 방면에서 명백하게 나타났다. 대부분의 부모는(15명 중에서 10명) 아동의 요구를 충족시키기 위해 직장에 전념하는 시간을 줄여야 했다. 또한 아동의 요구로 어느 정도 소외를 경험하였는데, 가족 및 친구들과 접촉하는 시간이 줄어들었고, 가족 내 다른 자녀와의 관계에 영향을 받았다고 하였다.

연구 인용문

"……우리는 알았어요. 오래된 친구처럼 익숙한 많은 것들이 아이가 진단을 받자마자 새로운 친구를 찾아야 될 것 같은 생각이 들었어요. 그들은 사라지는 것처럼 보였고 ……사라져 버렸어요. 나는 다른 자녀를 위해 시간을 낼 수 없었어요. 나는 항상 피곤했어요. 정신적으로도 그랬고요. 나는 장애인등록신청서를 작성하고 처리해야 했어요. 그런 일들, 끊임없는 걱정거리들……"

South West Autism Project에 참여한 어머니들

특별히 가치 있는 중재

부모에게 어떠한 중재가 가장 가치 있었다고 생각되는지를 질문한 결과, '의사소통에 도움'이 되는 중재를 가장 많이 응답하였다(15명 중에서 10명). 부모는 자녀의 언어와 의사소통 기술이 가족과 연결되는 데 어떻게 역할 하였는지를 다음과 같이 강조하였다.

연구 인용문

"대화하고자 하는 아이의 바람은 단지 대화를 많이 하려는 것이 아니라 가족의 일원이 되고자 하는 아이의 소망이에요. 그것이 우리를 다음 단계로 끌어올렸어요. 아이는 혼자서 자신만의 시간을 보내는 욕구를 버렸어요. 아이는 가족의 일원으로서 우리와 상호작용하기 시작했어요. 나는 SWAP가 아주 큰 차이를 만들어 냈다고 생각해요."

South West Autism Project에 참여한 어머니들

행동관리에 대한 부모의 의견은 아동의 문제 행동에 도움을 주
어서 감사하다는 내용이었다.

연구 인용문

"아이의 수면문제로 보건서비스 전문가를 만나기는 했지만, 그에게 아
이의 수면습관을 보여 주기란 정말 힘든 일이었죠. 그러나 SWAP 가정
교사는 나에게 아이디어를 주었어요. 아직 숙달된 것은 아니지만, 저는
이제 아이를 재울 수 있어요. 그렇지만 제가 말하고 싶은 건 이거예요.
SWAP 가정교사는 꼭 그렇게 하지 않아도 된다는 거예요. ……그들은
여기에 신경 쓰지 않을 수도 있었어요. 하지만 중요한 건 그들이 우리
의 삶에 진정으로 관여하고 있다는 것이었어요."

South West Autism Project에 참여한 어머니들

가정교사가 제공한 지원 중에서 가족이 가치 있었다고 응답한
것 중의 또 다른 하나는 바로 융통성이었다. 예를 들면, 한 어머니
는 다음과 같이 말하였다. "그들은 내가 필요하다고 하는 것을 듣
고 내가 말한 것보다 필요로 하는 더 많은 것들을 해 주었어요."

사우스 웨스트 자폐 프로젝트: 논의 및 실천사항

이 연구에서 많은 부모가 공통으로 언급한 우려 사항은 초기 지
연과 관련된 것이었다. 이는 ASD 진단이 이루어진 뒤에 실제적 지

원이 제공되는 데 걸리는 시간이다. 장애아동 관련 문헌에 의하면, 가정방문 지원과 같은 적절한 중재가 가능한 빨리 제공되기 위해서는 조기 진단이 중요하다고 하였다(Charman & Baird, 2002). 하지만 자폐로 진단되는 아동의 연령이 낮아지고는 있으나 이것이 적절한 중재를 제공하는 시기와 일치하지는 않는다.

장애아동의 양육은 부모에게 큰 부담이 되는데, 부모들은 ASD와 관련한 특정 스트레스에 대한 지원이 필요하다고 하였다. 아동의 강박적 행동, 수면 양식, 배변 훈련, 기능적 의사소통 형성, 아동의 무분별한 뛰어다니기, 공공장소에서 떼쓰기와 같은 행동을 관리하는 것이 여기에 포함된다. 이러한 문제에 대한 중재 접근법이 아동에 대한 가족의 염려와 지식에 대해 융통성 있고, 현실적이며, 관련성 있어야 한다는 부모의 요구에서 반복적으로 나타나는 것들이다. 가정방문을 통해 제공되는 중재는 가정교사가 가족의 다양한 요구를 고려하여 반응하며, 가족의 특정한 기회와 제한에 민감해야 한다. '상황 가운데 발달'이라는 원리는 가족의 요구과 환경을 고려하며, 외부에서 제공되는 직접적인 서비스를 넘어서 부모의 역량을 강화하는 개별 서비스의 중요성을 강조한다.

대부분의 부모에게 ASD 아동의 가정에서 학교로의 전환과 유치원에서 주류사회로의 전환은 불안한 시간이 될 수 있으며, 일상에서 변화를 거부하는 ASD 아동에게는 이러한 전환이 매우 어렵고 힘든 상황일 수 있다. ASD 유아를 둔 가정에 제공되는 서비스는 한 상황과 다른 상황 사이의 차이를 연결해 주는 도움을 제공하고, 또한 전문가는 전환이 이루어질 시점에 전환을 위한 완전한 토대를 마련하기 위해 충분히 융통성 있게 서비스를 제공해 주어야 한다. 아동 및 부모와 관계를 형성하는 담당자는 가정방문 동안 이러한 전환의 과정을 확실히 지원해 주어야 한다. 장애유아를 양육하는 것은 가정의 기능에 엄청난 영향을 줄 수 있는 잠재적인 스트레스다. 1장에서 논의된 바와 같이, 사회문화이론의 1가지 의미는 부모는 사회적 자본의 비축분이 많고, 다른 집단과의 관계가 안정적일 때 보다 효과적으로 어려움을 이겨 낼 수 있다는 것이다. 이 연구에 참여한 많은 부모는 자폐아동을 양육하면서 가족과 친구에게서 사회적 소외를 경험하였고, 이로 인해 그들의 대처능력이 약화된 것으로 나타났다.

결 론

LEAP와 SWAP는 매우 다양한 요구를 가진 유아와 가족에게 지원을 제공하였고, 2가지 모두 서비스 전달의 핵심 방법으로 가정방문을 사용하였다. 여기서는 이 2가지 프로젝트의 공통점을 살펴볼 것이다.

가족 문화와 행위에 대한 민감성

2가지 프로젝트 모두 보조교사와 가정교사가 현재 가정의 문화와 부모가 이미 수행하고 있는 중재에 명백하게 기반을 두고 가치를 부여하였으며, 자신들의 역할만을 강조하는 것을 피하였다. SWAP에서는 이것이 '상황 가운데 발달'이라는 원리로 나타났고, 이는 가족의 요구와 환경에 세심한 주의를 기울이는 것과 개별화된 서비스의 중요성을 강조하였다.

확대가족구성원을 포함하는 융통성과 중요성

가정방문 동안 다양한 가족구성원, 친구, 형제의 프로젝트 참여가 필요하다는 것이 확실해졌다. 그리고 다양한 가족 상황에 놓여 있는 부모와 성공적인 관계를 발달시키기 위해서 융통성 있는 접근을 사용하는 것이 중요하게 나타났다. 예를 들면, 부모에게 적합한 방문시간 정하기와 다른 가족구성원이 참여할 수 있는 활동 개발하기가 있다.

아동과 가족을 우선으로 고려

지원 프로그램에서 아동과 가족을 중심에 둔다는 것은 가족의 자녀양육 방법에 대한 중재를 변화시킴을 의미한다. 즉, 미리 구성된 교육과정을 제공하기보다는 가족과 아동의 요구에 맞춘 활동을 개발한다는 것이다. 이 장을 시작하면서, Cunningham과 Davis (1985)는 전문가들이 특수교육 대상아동의 부모와 관계를 맺는 방법에 대해 이야기하였다. 그들은 전문가가 자신들의 역할을 가정하는 위험성 대신에 부모와 관계를 형성함에 있어 공유된 의사결

정을 하는 것이 중요하다고 주장하였다. 이러한 특징이 LEAP와
SWAP에 나타나 있다. 이러한 특징이 나타난 이유는 가정방문 덕
분인데, 가정방문을 통해 보조교사나 가정교사는 시간이 지나면
서 가족들을 더 잘 알게 되었고, 아동과 가족의 요구를 가장 우선
순위에 둔 전략을 고안하였으며, 부모와 전문가가 공유하는 '전
문지식의 공동 형성(joint construction of expertise)' (McNaughton,
2001)을 발달시켰다.

chapter

06

우려 사항

서 론

이 장에서는 학교가 참여를 어려워하는 부모와 일할 때 발생할 수 있는 어려움과 문제에 대해 다룰 것이다. 이 책의 앞부분에서도 언급되었고 여기서도 다시 제기되는 중요한 주제는 바로 다른 가족보다 열등하거나 결손가정임을 의미하는 전문용어와 소외집단을 묘사하는 데 사용되는 언어의 내재된 위험성에 관련한 것이다. 이 장에서 다루게 될 또 다른 문제는 부모가 학교와 밀접하게 관련되는 것을 매우 반긴다는 가정이다. 일부 부모는 참여에 관해 강한 확신을 가지고 있으며 이것이 그들이 해야 할 역할의 한 부분이라고 생각한다. 게다가 일부 아동과 청소년들은 그들의 부모가 학교생활과 교육에 참여하는 범위에 관해 의문을 가질 수도 있다. 또한, 장애아동 그리고 그 부모와 일하는 전문가에 관련된 논의도 있다. 이 장은 가정-학교 연계에 대한 문헌연구의 어떤 측면이 추상적이라는 것에 대해 우려를 나타내면서 결론을 맺는다.

이 장에 제시된 일부는 가정-학교 지식 교환 프로젝트에 대한 Feiler 등(2006)의 논문에서 발췌하였다.

접근하기 어려운 부모-용어의 문제

'접근하기 어려운'이라는 표현은 최근 수년 동안 광범위하게 사용되었으며, 전문가는 어떤 집단과 관계 맺기가 어렵다라는 인식이 정책 전반에 걸쳐 퍼지게 되었다. 이 용어는 원래 국제 시장 및 여론조사기관(Market and Opinion Research International: MORI)과 같은 조사기관에 의해 만들어진 것으로서, '접근하기 어려운'이라는 표현은 서비스에 접근하지 못하거나 공급에 참여하지 못하는 집단을 의미하는 것으로 널리 사용되며, '사회적으로 소외되는'이라는 표현과 서로 바꾸어 사용되기도 한다(Milbourne, 2002). 사회적 소외에 관한 문헌에서 '접근하기 어려운'이라는 용어의 사용이 문제화되기 시작하였는데, 이러한 근본적인 우려 중의 하나는 명확성이 결여되어 있다는 것이다. 정부와 서비스 제공자에 의해 '접근하기 어려운'이라고 묘사된 부류는 다양한데, 소수민족, '간과된 사람(학습장애와 같은)', 불만을 품은 사람으로 설명될 수 있다고 하였다(Doherty et al., 2004). '접근하기 어려운'이라는 표현은 공통으로 정의된 정확한 용어로 사용되기보다는, 전문가가 다른 사람과 관계를 맺거나 이에 참여할 때 직면하게 되는 어려움을 단순하게 알리는 위험성을 가지고 있다.

2장에서 언급된 바와 같이, 이와 관련된 우려 사항은 '접근하기 어려운'이라는 표현이 가족의 결손 관점을 부각시킬 가능성이 있다는 것이다. Broadhurst 등은 " '문제(problem)' 인구의 일반화된 특성은 ……고정관념이 될 수도 있고 낙인을 찍을 수도 있다." (Broadhurst et al., 2005, p. 106)고 하였다. 그러한 용어는 소외와 취약성을 초래하는 사회 안에서의(불량한 주거시설의 해로운 영향이나 실직 같은) 결손이라기보다는, 사회제도에서 떨어진 행위, 열망, 가족의 생활양식을 의미한다. 부모참여의 결손 모델을 채택하기보다는(어떤 부모는 자신을 '접근하기 어려운' 사람으로 만드는 문제를 지닌다) 사회 모델이 적용될 수 있으며(어떤 부모는 학교/사회에 의해 만들어진 장벽 때문에 학교에 잘 참여하지 못한다), 학교체계에서 모든 가족이 더 많이 접근할 수 있도록 지원을 제공하는 데 초점을 두어야 한다.

가족을 동질집단으로 인식하는 문제

일부 부모를 '접근하기 어려운' 부모로 묘사하는 것에 대한 또 다른 문제는, 이러한 표현이 가족이 가진 다양한 차이점을 은근슬쩍 넘기며 그들에 대한 고정관념을 갖도록 만들 수 있다는 것이다. 여기서 차이점이란 개인과 가족을 특성화하는 다양성과 상이성의 핵심이 되는 것을 의미한다. Crozier와 Reay는 상대적으로 영향력이 없는 집단의 참여를 강조하며, 일반적으로 부모, 특히 소외받는 것으로 묘사될 수 있는 부모가 획일적이고 불변하는 집

연구 인용문

······부모는 너무나도 자주 동질의 집단으로 인식되거나, '착한 사람' 혹은 '나쁜 사람'의 지나치게 단순화된 이분법으로 나뉘게 된다. ······두 가지 모두 계층, 민족성, 성별의 복잡한 차이점을 무시한다.

Crozier & Reay, 2005, pp. 155-156.

단으로 인식되는 경향에 대해 우려하였다.

Crozier(2004)의 영국 북동부지방의 방글라데시와 파키스탄 가족에 대한 2년에 걸친 연구는(2장에서 제시되었음) 소수민족 집단 부모에 대한 연구가 부족하였고, 이러한 가족 출신의 아동이 학교에서 저조한 성적을 받을 우려 때문에 실시되었다. 비록 문헌들에서 아시안 가족을 동일시하여 보는 경향이 있지만, Crozier는 방글라데시 부모와 파키스탄 부모 사이에서 영어교육체계를 이해하는 데 핵심적인 차이가 있음을 발견하였다. Crozier의 연구는 소수민족집단에 대한 일반화된 가정을 피해야 하며, 한 집단과 다른 집단을 구별하는 데 차이점이 존재한다는 인식이 중요하다는 것을 강조하였다. 특정 집단 내에서도 차이점을 구별하는 것이 중요한데, 그것은 바로 한 가족과 다른 가족을 구별 짓는 차이점이다. 가정-학교 지식 교환 프로젝트(Feiler et al., 2006)에서는 한 가족에게 적합한 것이 다른 가족에게는 적합하지 않을 수도 있다는 것을 발견하였다. 또한 집단 내에서도 다양성이 존재하는데, 특히 집단의 분류가 오히려 계층이나 민족성과 같은 일반적 요인에 토대할 때 더욱 그러하다.

부모참여: 환영하지 않는 침해

부모참여와 관련해 생길 수 있는 또 다른 문제는 아동의 교육에 부모가 보다 더 많이 참여해야 한다고 강조하는 것이 때때로 가족에게 불편한 압력을 야기할 수 있다는 것이다. 비록 가정-학교 지식 교환 프로젝트(Feiler et al., 2006)에서 대부분의 부모는 가정에서 아동의 학업과 관련된 활동을 통해 자녀를 돕는 기회를 환영하였지만, 어떤 부모는 이것을 부담으로 받아들였다. 4장에서 언급된 것처럼, 가정에서 학교로의 정보 제공을 강화하는 활동으로서 여름휴가 동안 아동에게 1회용 카메라를 나눠 주고 다양한 대상들을 촬영하도록 하였다. 많은 아동과 부모가 그 활동을 좋아했으나 일부는 어려워했고, 한 어머니는 아이디어를 만들어 낼 수 없는 자신을 탓하기도 했다. "2주가 지날 때까지 우리는 사진을 찍지 못했어요. 나는 생각했죠. '어머 어쩌면 좋아, 무엇을 찍어야 하지?' 그리고 또 생각했어요. '음, 그럼 다른 사람들은 무엇을 할까?' 이건 다른 이야기지만 다른 사람들이 가정에서 하고 있는 것 중 내가 하지 않고 있는 것이 있는지 자꾸 찾아보려 했어요. 분명히 내가 무엇을 빠뜨리고 있는 것 같은 생각이 들었어요."

Carvalho(2001)는 학교-가정 연계에 강한 긴장감이 있을 수 있다고 하였다. 이것은 앞서 제시된 어머니가 표현한 다소 약한 자기의심보다는 좀 더 강한 긴장감을 의미한다. Carvalho는 부모-교사 관계는 원래 본질적으로 대립구도임을 설명하면서, Waller(1932)가 제시한 부모와 교사의 관계를 '자연적 대적(natural enemies)'으로 보는 관점이 오늘날에도 유지되고 있다고 하였다. 이는 부모가 그들 자녀의 개인적 요구에 관여하는 반면, 교사는 다수의 학생에 대해 전문가적 책임감을 가지고 있다는 사실에 부분적으로 기인한다. 이러한 충돌은 다음과 같은 경우에 더 문제시될 수 있는데,

이는 학교에서 아동의 수행 정도에 문제가 있을 때나 책임 소재에 관한 문제가 제기될 때다. Crozier도 학교-가정 관계를 정형화할 수 있는 적의(hostility)에 관해 유사한 관점을 제시하고 있다.

연구 인용문

부모참여에 관한 많은 책은 부모-교사의 관계를 조화롭고 온건하게 표현하고 있지만, 실제 부모-교사의 관계는 통제(control)와 정의(definition)를 위한 투쟁이라고 할 수 있다. 교사는 2가지 유형의 관계성을 가지게 되는데, 하나는 적극적이면서 요구가 있는 중산층 부모에 대한 것과 다른 하나는 수동적이면서 참여하지 않는 노동자계층 부모에 대한 것이다.

Crozier, 2000, p. 123.

Carvalho의 가족은 브라질에서 미국으로 이주하였는데, 미국학교에서의 자신의 경험을 담은 개인적인 사례를 소개하였다. Carvalho는 브라질과 미국의 학교생활 경험을 대조하면서, 미국에서는 부모가 교육에 관여하도록 하는 압박이 심하다고 결론지었다. 미국 사회에서는 부모가 참여할 수 없거나 혹은 참여하기를 원하지 않는 것에 관계없이, 참여하지 않는 것을 선택한 부모는 자녀의 교육을 등한시하는 것처럼 보는 것 같다고 하였다. Carvalho는 부모참여 운동과 관련하여 가족이 그들의 방식으로 자녀를 양육하는 것을 무시하고 가정생활 속으로 학교생활이 침범하는 것이라고 하였다. Carvalho는 미국에서 자신의 자녀가 직면한 숙제와 교사의 가정(assumption) 때문에 깜짝 놀랐는데, 이 가정이란 부모가 자녀의 숙제를 도와줄 것이며, 그들이 진정으로 그러한 기회를 환영할 것이라는 내용이었다.

연구 인용문

미국으로 오면서 나는 우리 아이들이 매우 훌륭하고 풍부하며 효과적인 공립학교 종일반에 다닐 것이라 생각하였다. 이전에는 숙제라고 하는 것을 해 본 적이 없는 아이들이 숙제를 지속적으로 집에 가져왔을 때 나는 놀랐다. 5학년 숙제에서 내게 할당된 부분을 해야 했을 때 어안이 벙벙했고, 고등학교 역사 숙제에서는 내 사인이 들어가야 5점 추가 점수를 받을 수 있다는 사실에 당혹스러웠다. 나는 부모로서 아이들의 숙제에서 나의 부분을 해야 한다는 강요를 느꼈고, 또한 그것을 즐기도록 강요받는 것 같았다.

Carvalho, 2001, p. 37.

부모가 더 많이 참여하도록 하는 압박에 관한 Carvalho의 또 다른 우려는 불공평의 문제다. Carvalho는 서구사회에서 부모참여에 대한 현재의 관점은 구시대적인 학교-지역사회의 관계를 반영하는 것으로, 오늘날 가족의 특징인 다양성과 복잡성을 고려하지 못하는 것이라고 하였다. Carvalho는 가족들은 매우 다르고, 다양하며, 사회적 및 문화적 자산이 동일하지 않기 때문에, 더 많이 참여하도록 요청받는 것에 상당한 어려움을 겪는다고 주장하였다. 비록 교육 정책이 소외되고 빈곤한 가정에 맞추어져 있지만,

Carvalho는 지원을 위한 시도는 빈곤과 같은 강력한 사회경제적 요소에 의해 약화되는 경향이 있으며, 제한된 자원을 가진 가정은 그러한 교육적 기회에 잘 응할 수 없을 것이라고 하였다. 하나의 예로, 학교행사에 참여하려고 하지만 작업시간과 겹치게 되는 근로자 부모는 어려움을 경험한다. 저임금 근로 상황에 있는 부모는 학교행사에 참여하기 위해 휴가를 신청하기 어려우며 그러한 유연성을 갖기도 힘들다.

Reay(2005)도 부모참여와 공평한 경쟁의 장이 부족하다는 것에 관해 유사한 견해를 가지고 있었다. Reay는 부모 자신의 교육적 경험이 교사와의 관계를 발달시키는 데 영향을 주며, 부모의 이러한 능력 차이는 사회계층 및 민족성과 관련된다고 주장하였다. 백인의 중산층 부모는 다른 집단보다 교사와 관계 맺는 데 더욱 성공적이라는 것이다. 만약 Carvalho와 Reay의 분석이 정확하다면, 부모참여 정책은 더 많이 참여하는 부모와 그렇지 않은 부모 간의 차이를(gap) 더 확대시킬 수 있는 위험성을 가지고 있다. 부모참여를 강조하는 것은 더 많은 자원(경제적, 사회적, 교육적 등)을 가진 부모가 더 나은 혜택을 얻을 수 있는 더 좋은 자리에 위치하도록 한다. 이것은 부모참여에서의 마태 효과(Matthew effect)라고 할 수 있는데, 이는 부유한 사람은 더 부유해지고 가난한 사람은 더 가난해진다는 것이다.

교육에서 가족참여에 대한 아동과 청소년의 견해는 무엇일까? 다음은 부모참여에 대해 아동과 청소년이 가지고 있는 의구심을 살펴볼 것이다.

아동과 청소년의 가족참여에 대한 의구심

아동은 그들의 부모가 학교에 참여하는 것을 항상 반기는 것은 아니다. 앞서 언급한 바와 같이, 가정-학교 지식 교환 프로젝트(Feiler et al., 2006)에서 가족은 여름휴가 동안 카메라를 이용해 다양한 활동에 대한 사진을 찍었다. 한 어머니는 자녀의 관심 부족이 자신의 과다한 참여 때문일 것이라고 생각하였다. "내가 기억하기로 우리 아이는 카메라를 그냥 들고만 있었기 때문에…… 내가 그 가정-학교 활동을 했어요. 사실 아이는 카메라를 사용하지 않았어요. 내가 참여했다는 사실에 우리 아이가 감동을 덜 받은 것인지 아니면 감동을 받지 못했는지는 확실하지 않아요." 또 다른 아동에게는 의붓여동생이 있었는데 이 여동생은 부끄러움을 많이 타서 학교에서 자신의 사진을 보여 주고 싶어 하지 않았다. 이러한 부끄러움에 대한 언급은 다음과 같은 사실을 알려 주는데, 아동은 가정의 이야기를 학교로 가져올 때, 그리고 사적인 것을 공적인 것으로 만드는 과정에서 서로 각기 다른 수준의 편안함을 가질 수 있다는 것이다. 어떤 아동은 그들의 사진을 보고 또래 친구들이 어떠한 반응을 보일지에 대해 걱정하거나, 그들의 학교에서의 모습과 가정에서의 모습에 일관성이 없다는 것이 드러날까 봐 염려하기도 한다.

Crozier(2000)는 11~14세 중학생들에게 숙제 일지를 부모에게 보여 주고 사인을 받는 것에 관하여 그들의 의견을 물었다. 몇몇은 부모들의 검사를 환영했지만, 다른 학생은 이것을 그들의 독립성에 대한 침해라고 생각하였다. 특히 Crozier(2004)가 아시안 가족들에 대한 조사를 실시했을 때, 어떤 학생은 그들의 부모가 학교와 밀접한 관계를 맺는 것에 관해 의구심을 표현했다고 언급하였다. "……청소년들은 교육과 관련해 부모들에게서 매우 독립되어 있었다. 대부분의 경우, 그들은 성적이나 학부모 모임을 부모에게 통보하지 않았다."(Crozier, 2004, p. 9) Crozier는 인터뷰를 했던 몇몇의 청소년이 학부모 모임 동안 그들의 부모들이 입었던 전통의상에 대한 여러 표현에 대해서 예민했다는 것을 알았다. 그들은 그러한 잠재적으로 편하지 않은 경험에게서 부모를 보호하길 원했다.

연구 인용문

일부 아시안 학생은 부모가 제한된 영어지식과 교육체계 때문에 당황하지 않도록 그들을 보호하기를 원했다. 어떤 학생은 생물학 같은 교육과정으로 인해 부모가 당황할지도 모른다고 염려하였다. 많은 학생은 학교가 부모참여에 도움이 되는 장소라고 생각하지 않고 있었다. 결과적으로, 역설적이지만 그들은 그들 부모의 소외에 적극적이었다.

Crozier, 2004, p. 9.

Crozier는 부모가 학교에 참여하는 것에 대한 학생의 반응에 영향을 주는 요인으로, 학업성적이 낮은 학생일수록 부모참여에 부정적인 반응을 표현하는 경향이 있음을 발견하였다. "불만이 많은 학생은 문제를 일으키거나 낙제했을 때, 부모들이 아는 것을 원하지 않았다."(Crozier, 2000, p. 109)

장애아동 부모의 요구 충족시키기

부모참여와 관련된 또 다른 우려 사항은 장애아동 부모에 대한 전문가들의 태도에 관한 것이다. 2장에서 언급한 바와 같이, 장애아동의 부모가 경험하는 압박은 정서적 스트레스를 증가시키며, 부모관계에서 높은 붕괴율을 야기한다고 반복해서 강조하고 있다. 당연히, 장애아동의 부모와 일하는 전문가는 부모의 감정과 인식을 이해하려고 할 때, 그들이 그러한 압박에 어떻게 반응할지를 추측할 수 있다. 그러나 가끔 그러한 가정은 빗나갈 수 있다. 한 사례에서, 발달지체아동의 부모인 Mallett(1997)는 자신의 자녀를 진단했던 전문가의 고압적인 자세를 설명하였다. 그녀는 일부 전문가가 취할 수 있는 일반적인 추측을 신랄하게 비판하였다. 전문가가 장애아동을 둔 부모의 좌절과 피로 같은 정서적 반응을 아동의 장애 현실을 받아들이는 것을 꺼려한다는 것으로 잘못 해석하고, 자녀가 온전한 신체를 갖지 못한 슬픔이나 상실감에 대한 반응으로 해석하는 것은 잘못된 추정이라고 하였다. 그녀는 이러한 관점에 도전을 제기하였다.

연구 인용문

'만성적인 비애' 그리고 '완벽한 아이'로 키우지 못한다는 사실을 알았을 때 부모들이 겪는 소위 '비통의 과정'에 대해 적은 것들이 많이 있다. ……많은 전문가는 부모들의 혼란, 좌절, 분노, 혹은 다른 '부정적인 경험'을 장애아동과 관련된 상실감을 받아들이는 단계로서 해석하도록 배웠다. 하지만 입양부모(엄밀히 따지자면, 그러한 상실감을 경험한 적이 없는)도 이것과 유사한 반응을 보이는 것이 관찰되었는데, 자녀를 도와줄 것이라 기대했던 서비스에 실망하거나 지치게 되는 경우에 이러한 반응을 보였다. 장애아동 부모의 잠재적 불편함의 근원은 자녀에 대한 충격적인 실망보다는 부족한 서비스 현실과 더 많이 관련되어 있다고 생각한다. 감정이입을 연습하는 것보다 이론을 적용하는 것은 가족을 도와주기보다는 전문가를 더 보호하는 것 같다.

Mallett, 1997, p. 29.

전문가들이 부모의 반응을 잘못 해석하는 방식에 대한 환멸은 사우스 웨스트 자폐 프로젝트(South West Autism Project: SWAP, 5장에서 제시되었음)의 자폐성장애아동 어머니의 의견에서도 나타났다. 일부 어머니는 전문가가 부모의 요구에 응답하지 않는 것 같다고 생각했다. 한 어머니는 실제 도움이 제공되는 것보다도 그녀의 느낌에 관해 질문을 받는 것이 더 불편하다고 하였다. "속수무책이었다. 아이는 고함을 지르고, 물어뜯었으며, 나는 챙겨야 할 또 다른 아이가 있었다. 나는 모든 것을 잊기 위해 직장에 나갔다. 그리고 내가 어떻게 느꼈는지를 질문하는 많은 전문가를 만났다. 나는 기분이 나빴지만, 우리 아이에게 도움이 필요한 다른 것에 대해 이야기하고 싶었다. 나는 내 기분 정도는 무시할 수 있었다. 그래서 해결할 수 있었다."

문헌에 나타난 부모참여에 대한 설명:
장미빛 관점

Vincent(1996)는 일부 저자들이 제시한 부모와 학교 간의 관계를 비판하였는데, 그녀는 출판된 자료의 가정-학교 관계에 대한 논의가 피상적이며 수준이 낮은 경향이 있다고 주장하였다. Vincent는 "쾌활하고, 한결같은, 긍정적인 어조"(p. 74)로 설명되는 부모참여에 대한 이야기가 가정-학교 관계가 복잡하지 않고 문제가 없다라는 잘못된 인식을 가져올 수 있다는 것에 대하여 우려하였다. 그러한 '장미빛' 보고들은 만약 유사한 결과가 성취되지 못할 경우 개인적 자책감과 환멸감을 야기한다. 또 다른 우려는 학교생활에 부모가 참여한다면 결과적으로 자녀의 학업이 향상될 것이라는 만연한 추측이다. Vincent는 그러한 향상을 야기하는 부모참여의 형태는 불분명하다고 주장하였다. 또한 그녀는 아동의 학업 향상을 주장하는 일부 중재 프로젝트의 기간도 매우 짧다고 지적하였다. 비록 부모가 단기간 동안에는 동기화된 참여를 잘 유지할 수 있지만, 그러한 참여와 자녀의 학습 향상은 단지 일시적일 수밖에 없다고 하였다. 그리고 또 다른 우려는 특정 프로그램이

가정-학교 연계에 대한 유행적인 '해답'을 제시하는 데 대한 위험
성과 관련된 것이다. 하나의 예로서, Vincent는 1980년대에 학교
에서 학부모를 위한 공간을 제공하였던 추세를 언급하였다. 비록
학부모실이 학교에 모이는 부모에게 장소는 제공해 주었지만, 실
제 가정-학교의 연계에 대한 성공은 궁극적으로 학교가 부모를
환영하는 분위기가 존재하느냐에 달려 있다고 주장하였다.

결 론

이 장에서는 부모를 '접근하기 어려운'이라고 설명할 때 생길
수 있는 우려와 가족참여 영역에 퍼져 있는 핵심적인 문제들에 대
하여 살펴보았다. 이 장의 핵심 주제는 부모참여가 종종 처음에 보
이는 것보다 더욱 복잡하며 더 많은 뉘앙스를 가진다는 것이다.

이 장에서 제시한 또 다른 중요한 의미는 일부 부모에게 '접근
하기 어려운'이라는 꼬리표를 붙이는 것에 대한 변화가 필요하며,
학교가 어떻게 접근하기 쉬울 수 있을지에 대해 더 많은 중점을
두어야 한다는 것이다. 이는 곧 마지막 장의 주제가 된다.

chapter
07

보다 쉽게 접근 가능한
학교와 환경의 조성

서 론

이 장에서는 학교와 다른 환경들이 어떻게 더 많이 접근 가능하도록 할 수 있는지에 대하여 살펴볼 것이다. 먼저, 교사와 다른 전문가에게 접근할 때에 자신감이 필요하다는 부모도 있고, 자기효능감을 발달시키는 것이 중요하다는 부모도 있다. 이후 협력 프로그램에서는 가족의 특성에 부합하도록 학교가 부모의 강점과 요구를 자세히 파악해야 할 필요가 있음을 강조한다. 그리고 Susan Swap의 협력 모델과 학교에 관한 부모들의 견해를 끌어내기 위해 '통합을 위한 목록(Index for Inclusion)'과 같은 자료를 사용할 것에 대해 이야기할 것이다. 마지막으로 접근하기 어렵다고 묘사되는 부모를 참여시키고자 하는 교사를 위한 적용과 함께 사회적 자본과 사회문화이론의 관련성에 대해 살펴볼 것이다.

부모의 자기신뢰감

어떤 부모들을 참여하기 어려운 집단으로 개념화하는 것은 어느 정도 관점의 차이를 반영한다. Thomas와 Loxley(2001)는 차이(difference)와 다양성(diversity)의 관계에 대해 논의하면서, '정상과는 다르다.'라는 것은 그러한 판단을 하는 사람의 관점에 의해 아주 많이 영향받는다고 주장하였다. 이들은 차이가 긍정적 혹은 부정적으로 해석되는지의 여부가 그러한 판단을 채택하는 사람의 관점에 달려 있다고 하였다.

연구 인용문

차이와 동일시는 사회관계 속에서 그리고 사회관계를 통해서 형성된다. 차이가 다양성처럼 긍정적으로 인식되거나, 아니면 편견이나 결손처럼 부정적으로 인식되는 것은 차이를 바라보는 사람의 사고방식에 달려 있다.

Thomas & Loxley, 2001, p. 93.

만약 다양성이 결손으로 여겨지고, 부모들이 존중받거나 대우받고 있지 못하다고 느낀다면, 이는 그들의 자기효능감과 교육전문가에 대한 자신감에 영향을 줄 것이다. 자기신뢰에 대한 부모의 수준은 부모참여의 질과 양에 영향을 준다. 만약 부모가 자신들의 지식과 기술을 교육과정이나 교육에 연관시키기를 망설인다면, 교사들 그리고 다른 교육담당자들과 협력하려는 그들의 의지가 약화될 수 있다. Bandura(1997)는 성인의 자기가치에 기여하는 요소에 대해 연구하였다. Bandura는 자기효능감은 직접 경험(성공 경험)과 다른 사람에게서 배우는 간접 경험(대리 경험)을 포함한 핵심 요소로 구성된다고 주장하였다.

● 성공 경험: 자기효능감 발달에 있어 핵심적인 요소는 직접적

이고 개인적인 '성공'의 경험이다. Bandura는 '성공'의 경험은 사람이 성취해야 될 것(지식, 기술, 결정 등)을 가지고 있는지에 대한 진정한 증거를 제공하기 때문에, 그 자체가 효능감에 대한 정보를 제공하는 가장 영향력 있는 자원이라고 주장하였다. 참여한 사람들이 구체적인 성취의 수준을 경험할 수 있도록 부모참여 체계에 충분한 지지와 토대가 필요하다. 특히 부모참여 프로그램의 초기 단계 동안 부모가 성취한 것에 관한 유형의 피드백을 제공하는 것이 필요하다.

● 대리 경험: 많은 활동에는 타당성에 대한 절대적인 측정치가 없으므로, 다른 사람들과 비교하여 그들의 능력을 평가하는 것이 필요하다. Bandura는 다른 사람에게서 배우는 것은 자기효능의 주요한 자원이 되며, 다른 사람과의 비교는 인지된 자기효능에서 중심적인 역할을 한다고 주장하였다. 부모참여 프로그램은 이러한 방식으로 구조화될 수 있는데, 부모집단은 서로를 통해 '지역사회 실천(community of practice)' (Lave & Wenger, 1991)을 이룰 수 있다.

다양성에 반응하기

학교가 존중의 긍정적인 메시지로 부모와 대화하고 그들이 가치 있는 존재라는 것을 강조하는 1가지 방식은 행사와 그 과정을 부모의 요구에 맞추는 것이다. 이 책의 핵심 주제는 부모와 학교의 협력관계를 촉진하는 프로그램이 쉽게 이용되지 못하고 있기 때문에, 이러한 프로그램을 심사숙고하여 특정한 환경과 특정한 집단을 위하여 특별하게 고안해야 한다는 것이다. Carpenter와 Lall(2005)은 런던에 있는 중·고등학교에서 자녀의 학습에 부모를 참여시키기 위해 지역 상황에 맞게 특별히 기획된 4개의 프로젝트를 수행하였다. 저자들은 각 학교에서 소위 접근하기 어려운 부모를 특별히 참여시켰다고 강조하였다. 프로젝트 수행 결과, 특정 부모집단에 영향을 미치는 분명한 장벽이 존재한다는 것과 이러한 장벽을 극복하기 위해서 부모와 학교 직원 간의 긴밀한 협조가 매우 필요하다는 것을 알 수 있었다.

연구 인용문

중요한 것은 '모든 사람에게 적합한' 정책을 선택하는 것이 아니며, 프로젝트의 조직과 준비는 학교, 특정 부모, 그리고 그들의 특정한 외부 환경과의 접점으로 인식되어야 한다.

Carpenter & Lall, 2005, p. 34.

Carpenter와 Lall은 '접근하기 어려운' 부모를 참여시키는 데 성공적인 프로젝트들의 공통점을 다음의 3가지 특성으로 정리하였다.

- 관리자의 적극적인 지원: 직원과 관리자가 부모참여 프로그램을 열정적으로 포용하고 또한 적극적으로 지원하는 것이 중요하다.

- 융통성, 평가, 상향식 프로그램: 융통성은 교사가 부모의 요구에 반응할 수 있도록 하는 효과적인 프로그램 발달에 핵심적인 사항이다. 부모참여 프로그램의 효과는 계속해서 평가되어야 한다. 지역 내에서 기획되어 지역 문제를 강조하는 프로그램은 학교 외부에서 만들어진 다른 프로그램보다 더 성공적이다.

- 부모의 참여에 대한 접근을 지원: 만약 조직적인 배치가 효율적으로 정비된다면, 부모는 모임이나 행사에 대한 접근을 지원받을 수 있다. 이것은 특히 보육시설이나 통역서비스를 지원받아야 하는 '접근하기 어려운' 부모에게 중요하다. 부모의 근로시간 제약에 맞춰 모임시간을 변경하는 것과 같은 작은 조절이 부모참여에 상당한 영향을 줄 수 있다.

특정 지역사회와 특정 학교의 요구를 심도 있게 반영하고 있는 하나의 예는 이 책에 앞서 언급된 '가정-학교 지식 교환 프로젝트'(Feiler et al., 2006)다. 가정-학교 협력을 강화하기 위한 이 프로젝트의 모든 활동이 모든 부모에게 도움이 되는 것은 아니다. 다른 학교에서는 부모를 참여시키고 부모를 가치 있게 바라볼 수 있도록 해 주는 다른 접근법을 필요로 하기도 한다. 각각의 가정-학교 활동은 특정 학교와 지역사회를 토대로 발달하였으며, 교사

와 부모에 의해 제기된 특정한 문제에 반응하기 위하여 기획되었
다. 활동은 상황에 따라 매우 특징적이다. 즉, 특정한 교사와 부모
집단에 대해 특징적이며, 특정 학교와 지역사회 내의 특별한 문제
에 대해서 특징적이다. 학교가 교사와 부모 간의 정보 교환을 강
화하기 위한 활동을 발달시킬 때에는 지역 환경을 반영하고 또한
지역 환경에 반응하는 것이 중요하다.

　가정-학교 협력 모델에서는 교사와 부모 간의 통합적인 관계
를 형성하기 위한 기초를 쌓아야 하며, 협상과 협동을 위한 체계
를 형성하여 학교와 가정의 요구에 잘 맞춰질 수 있도록 해야 한
다. 교사와 부모 간의 협력 활동을 위한 체계의 범위가 제안되어
왔으며, 가정-학교 모델에 대한 상세한 토의는 Swap(1993)의 저
서 『가정-학교 협력 발달: 개념부터 실제까지(*Developing Home-
School Partnerships: From Concepts to Practice*)』에 잘 나타나
있다.

가정-학교 협력 모델

　부모-교사 협력에 관한 Swap의 저서에서 가정-학교 관계에 대
한 4가지의 모델을 제시하였다(〈표 7-1〉).

| 표 7-1 | Susan Swap의 가정-학교 관계 모델(Swap, 1993)

- **보호 모델:** 이 모델은 교사의 역할과 부모의 역할을 구분하며, 기본 목적은 부모의 '간섭'에서 교사를 보호하는 것이다. 3가지의 핵심 가정이 이 모델을 뒷받침한다. 부모는 학교에 자녀의 교육에 대한 책임을 이양하고, 교사는 이 책임의 할당에 동의하며, 당연한 귀결로서 부모는 교사를 자녀의 학습 결과에 대해 책임을 지는 존재로 여긴다.

- **학교에서 가정으로의 전달 모델:** 자녀의 학습에 부모가 적극적으로 참여하면 더 높은 성취를 이룰 수 있다는 인식이 있고, 교사는 부모를 학교의 가치와 기술을 학생에게 전달하는 데 가치 있는 자원으로서 바라본다. 이 모델의 목적은 교사에게서 부모에게로 향하는 접촉방향을 가지고 학교의 목적을 지원하기 위해 부모 지원을 확보하고자 하는 것이다.

- **교육과정 강화 모델:** 학교는 다양한 지역사회의 문화와 역사, 가치를 더욱 완전하게 반영하기 위해 교육과정의 발달을 지향한다. 아동의 가정과 학교 문화 간에 지속성이 있는 곳에서 학습이 더 많이 향상될 수 있다. 많은 부모는 교과를 증가시키고 확대시킬 수 있는 기술과 전문지식을 가지고 있는 것으로 인정된다.

- **협력 모델:** 이 모델에서 부모와 교사의 협력관계는 학교 교풍의 모든 면에 영향을 미친다. "학생은 열심히 공부하고 학업적으로 성공하며, 그들 자신에 대한 좋은 느낌을 가지고 있고, 교사는 행정팀 그리고 모든 아동에게 접근하는 더 나은 방법을 찾을 수 있는 다른 인적 자원과 서로 열정적으로 일하며, 부모와 조부모는 학교의 옹호자로서 공통의 목적을 향하여 교육자와 함께 헌신하고, 지역사회 자원은 학교의 교과를 풍성하게 하며 실무진에게 지원을 제공한다."(Swap, 1993, p. 67) 이 모델은 표 다음에 보다 상세하게 설명되어 있다.

Swap의 협력 모델

Swap는 비록 협력 모델이 모든 학교에 적합하거나 바람직하다고 주장하지는 않았으나, 다음과 같은 문제에 직면한 학교에게 제안될 수 있는 모델이라고 하였다. 대부분의 학생이 제대로 성취하지 못하는 학교와 가정은 비교적 이질적이며, 학생을 위해서 '성공'으로 여겨질 수 있는 것이 무엇인지에 관하여 교사와 부모 간의 의견일치가 부족하다. Swap는 협력 모델 안에서 '부모'라는 용어가 아동의 생물학적 부모뿐만이 아닌 의붓부모, 조부모, 친척, 기본 양육의 역할을 맡은 사람, 그리고 아동과 특별한 관계에 있는 사람을 모두 포함해야 한다고 주장하였다. Swap의 협력 모델은 부모와 교사 사이의 광범위한 협력으로서, 4개의 요소로 구성되어 있으며, 이는 이전 장들에서도 소개되었다.

● 가정과 학교 간의 쌍방향 의사소통 형성하기: Swap는 확고한 학교-가정 관계를 발달시키기 위하여 쌍방향의 의사소통을 강조하였다. 이 모델은 부모와 교사 양쪽 모두 아동에 관한 정보를 공유하고, 서로 간의 풍성한 쌍방 상호교환을 창출하는 데 목적이 있다. 이러한 상호교환은 "사교와 재미, 좋은 음식"(Swap, 1993, p. 67)이 있는 비공식적인 모임과 사회적 행사를 통해서 가장 잘 이루어질 수 있으며, 이를 통해 부모와 담당자 사이에 공동의 의사소통 기회가 제공된다. 스코틀랜드의 '커피 마시며 이야기 나누기(Drop in for Coffee)'(4장에서 소개되었음)는 이러한 프로그램의 한 예다. 이 접근법이 가지는 비격식성은 부모를 보다 쉽게 참여할 수 있도록 하였고, 부모가 가지는 불확실성과 불신을 종식시키도록 도와주었다. Swap는 쌍방향 의사소통이 효과적이라는 것을 보여 주

는 3가지의 특징을 제시하였다. ① 많은 가족이 이전보다 더 많이 참여하게 되었다. ② 가족들은 변화를 만들 수 있을 정도로 충분히 오랫동안 다양한 활동에 참여하였다. ③ 교육담당자와 부모 모두 참여를 생산적, 목표 지향적으로 바라보았다.

● 학교와 가정에서 아동의 학습 향상시키기: Swap는 가정과 학교 간의 협력관계를 발달시키는 것의 근본적인 목적은 아동의 학습을 향상시키는 것이라고 주장하였다. 부모는 학교에서 자원봉사나 학습 멘토 등의 역할을 통해 아동을 도울 기회를 만들 수 있다. INSPIRE(4장) 프로젝트는 학교에서 읽기와 수학에 관한 학교 중심의 워크숍에 부모를 초대함으로써 부모가 자녀의 학습에 직접적으로 기여할 수 있었던 아주 탁월한 사례였다. 또한, Swap는 아동의 학습 향상을 위해서는 가정에서의 지원이 필요하다고 주장하였다. 예를 들면, 교사는 학생과 부모가 숙제를 분명하게 알 수 있도록 부모가 숙제를 점검하도록 하였다.

● 상호 지지 제공하기: Swap는 부모와 교사가 서로 간에 상호지지를 제공하는 것이 아동의 학습에 매우 큰 영향을 미친다고 하였다. Swap는 학교와 부모를 위한 상호 지지를 제공할 많은 기회가 있다고 하였다. 여기에는 아동의 학습과 발달을 향상시키는 활동, 혹은 학교가 부모의 교육적 요구와 관심에 초점을 두고 지원함으로써 아동의 발달을 간접적으로 돕도록 하는 것이 포함된다. 예를 들면, 학교는 부모를 위해 컴퓨터

교육, 제2외국어로서의 영어, 건강 체조 등과 같은 교육을 제공할 수 있다. 반면에 부모는 학교 직원을 위한 지원을 제공할 수 있다. Swap는 부모가 교사의 수고를 공개적으로 기념한 사례를 제시하였다. 교사에게 지지를 전달하는 예는 감사 편지 쓰기, 교사의 특별한 프로그램에 대해 소개하는 내용을 (사진과 함께) 지역신문에 게재하기, 교사의 노고를 지역신문의 교육자 정규 칼럼에 게재하기, 교장에게 교사에 대한 감사 노트 전달하기 등이다(Swap, 1993, p. 131).

● 공동 결정 형성하기: 학교와 가정의 관계가 생산적이 되도록 하는 데 결정적인 역할은 부모에게 기회를 제공하는 것인데, 이는 부모가 자녀의 학습에 기여할 뿐만 아니라 학교에서의 의사결정과 관리에 참여하는 것이다. 학교위원회와 모임에 부모의 참여를 독려하는 것은 매우 어렵다. 그러나 Swap는 특히 교육과정이나 교수법의 선택과 같은 학습의 핵심적인 특징에 영향을 미치는 의사결정에 부모가 참여하는 것은 그 결과가 대단히 생산적이라고 하였다. 3장에서는 CoZi 모델, 그리고 부모가 학교 관리에 어떻게 기여했는지에 대해 살펴보았다. CoZi 모델에서 의사결정은 곧 참여를 의미하고, 부모는 이 과정에서 핵심적인 역할을 하는 것으로 보고되었다.

Allen(2007)은 Swap(1993)가 묘사한 진정한 가정-학교 협력관계를 발달시키기 위한 중요한 요소는 '문화적으로 기반을 둔' 협력, 즉 가정과 지역사회문화의 다양성을 고려하고 학교-가정 연

계를 통해 협력을 형성하여 학교를 변화시키려는 교사의 자발성
이라고 하였다. 이는 교사가 특정한 지역 내에서 가족과 지역사회
의 실제를 이해하는 것을 의미한다. Allen은 이러한 실제의 지식은
추측할 수 없으며, 이를 어떤 집단의 핵심 특징이라고 가정하고 고
착된 고정관념에 기반을 두어서도 안 된다고 강조하였다. 오히려

| 표 7-2 | 가족 설문조사: 가족 실제와 기술에 대해 부모에게서 정보 구하기
(Allen, 2007 수정)

- **문해와 언어 지식:** 가정에서는 어떤 언어와 방언을 사용합니까? 어떤 종
류의 문자언어와 시각언어를 사용합니까? 예를 들면, 좋아하는 책, 시,
노래, 신문, 비디오나 DVD 등은 어느 것입니까? 모든 가족이 함께 시청
하는 텔레비전 프로그램은 무엇입니까?

- **교육적 지식:** 아동은 학교 밖에서 어떻게 배웁니까? 아동은 어떤 종류의
게임을 합니까? 아동은 애완동물이나 다른 동물을 돌볼 책임이 있습니
까? 아동의 학교 밖 학습에는 어떠한 장벽이나 지원이 영향을 미칩니까?
어떤 사람들이 가정에서 아동이 학습하는 것을 돕습니까?

- **부모의 지식:** 일과 관련하여 부모가 가지고 있는 기술은 무엇입니까? 예를
들면, 아동보육, 관리, 요리, 청소 기술 등 어느 것입니까? 부모가 가진 또
다른 기술은 무엇입니까? 예를 들면, 음악, 원예 등 어느 것입니까?

- **지역사회 지식:** 비공식적이거나 공식적인 지역사회 모임 중 가족에게 중
요한 것은 무엇입니까? 예를 들면, 스포츠, 교회 등 어느 것입니까?

- **지역사회를 초월한 지식:** 가족은 다른 지역이나 다른 나라에 살고 있는
친척을 방문하기 위해 여행합니까? 부모는 이러한 방문을 통해 자녀가 무
엇을 배운다고 생각합니까?

문화적으로 반응적인 관계(culturally responsive relationships)란 부모와의 직접적인 접촉을 통해 발견되며, 적극적으로 접촉하고자 하는 담당자에 의해 얻어지는 지식에서 발견되는 것으로서, 무엇이 부모를 동기화하는지, 부모가 자녀를 위해 가지고 있는 열망은 무엇인지, 가족이 습득한 지식과 기술은 무엇인지 등에 대해 아는 것이라고 하였다. 이를 위해서 설문지를 통하여 부모에게서 정보를 얻을 수 있다(〈표 7-2〉).

부모의 관점을 적극적으로 파악하는 것에 대한 중요성은 다음에 제시될 영국에서 발달되어 온 '통합을 위한 목록'에서도 유사하게 강조된다.

통합을 위한 목록

통합을 위한 목록(Index for Inclusion, 간단히 통합 목록이라고 칭함)은 Mark Vaughan, Tony Booth, 그리고 Mel Ainscow에 의해 영국에서 발달되었다(Booth & Ainscow, 2002). 이것은 학교에서 교사가 통합적인 실제를 지도로 만들 수 있도록 고안된 도구로서, 우선순위를 결정하고, 변화를 이행하며, 이러한 변화의 영향력을 검토하기 위해서 만들어진 것이다. 이것의 주요한 사항 중의 하나는 교사와 부모/보호자 간의 협력관계에 기여하였다는 것이다. 통합 목록은 보다 통합적인 학교를 발달시키려는 열망이 있는 다른 나라에서도 사용되었는데, 약 25개국에서 적용되고 사용되어 왔다(Booth & Black-Hawkins, 2005).

통합 목록의 체계와 자료는 학교에 있는 교사와 직원이 자기검토의 과정을 거치고, 학생과 부모/보호자의 관점을 탐색함으로써 발달을 이루도록 한다. '학습과 참여에 대한 장벽'이라는 용어는 특수교육의 필요성이라는 보다 결손 중심 개념의 대안으로 사용되었으며, 이것의 목적은 모든 학생을 위해 그런 장벽이 어떻게 감소될 수 있을지를 탐색하도록 도와주는 것이다. '검토-실행-평가'라는 순환이 제시되는데, 여기에는 학교에 관한 정보를 수집하고 검토하며, 통합적인 학교 발달계획을 구안하고, 우선순위를 실행하며, 진보를 평가하는 과정이 포함된다.

이 순환의 초기 검토단계(학교에 관한 정보 수집하기)에는 통합 목록의 많은 부분이 기여하게 되며, 통합문화, 정책, 실제의 발달이라는 3가지 영역과 관련된 현재의 실제와 관점을 탐구하기 위한 자료들이 제시된다. 통합문화의 발달을 구성하는 부분 중의 하나는 '지역사회 형성'이다. 이 부분은 부모/보호자와 협력관계를 발달시키는 학교에 초점을 둘 때 보다 특별하게 관련된다. 〈표 7-3〉에서는 학교 담당자가 부모와의 관계를 검토할 때 고려하는 질문들을 제시하였다.

| 표 7-3 | 통합 목록의 질문들, "지역사회 형성: 담당자와 부모/보호자 사이에는 협력관계가 있다."(Booth & Ainscow, 2002, p. 46)

- 부모/보호자와 직원은 서로 존중합니까?
- 부모/보호자는 직원과 좋은 대화를 나눈다고 생각합니까?
- 모든 부모/보호자는 학교 정책과 실천방안에 대해서 잘 통지받고 있습니까?
- 부모/보호자는 학교 발전계획에서의 우선순위를 알고 있습니까?

- 모든 부모/보호자는 학교에 관한 의사결정에 참여할 기회를 가집니까?
- 일부 부모/보호자는 학교에 오는 것과 교사를 만나는 것에 대해서 두려움을 가지고 있으며, 이것을 극복하기 위한 조치가 취해지고 있습니까?
- 부모/보호자가 학교에 참여할 다양한 기회가 있습니까?
- 부모/보호자가 자녀의 학업진보와 염려에 대해서 의논할 수 있는 다양한 행사가 있습니까?
- 부모/보호자가 학교에 기여하는 다양한 활동이 동등하게 인정됩니까?
- 직원은 부모/보호자가 자녀에 관하여 가지고 있는 지식을 가치 있게 생각합니까?
- 직원은 아동의 학습에 모든 부모/보호자의 참여를 권장합니까?
- 부모/보호자는 가정에서의 자녀학습을 지원하기 위하여 자신들이 할 수 있는 것에 대해 분명히 알고 있습니까?
- 모든 부모/보호자는 자녀가 학교에서 존중받는다고 생각합니까?
- 모든 부모/보호자의 관심사가 학교에서 중요하게 받아들여진다고 생각합니까?

통합 목록은 학교에서 사용할 수 있는 혹은 채택할 수 있는 5개 설문지의 예시를 포함한다. 한 설문지는 특별하게 중·고등학생의 부모/보호자를 대상으로 하며, 다음과 같은 진술에 대해 어느 정도 동의하는지 혹은 동의하지 않는지를 묻는다.

- 우리 아이가 학교에 입학했을 때 나에게 주어진 정보는 아주 많았다.
- 내가 생각하건대, 학교는 나에게 우리 아이가 어떻게 지내는지에 대하여 잘 알려 준다.
- 모든 가족은 그들의 배경과 상관없이 동등하게 존중받는다.

- 왕따는 학교의 문제다.
- 학교의 직원은 모든 학생이 최선을 다하도록 격려하며, 단지 잘하는 학생에게만 그렇게 하는 것은 아니다.

저자들은 학교 직원과 학부모 대표가 자신의 목적에 맞는 설문지를 만들기 위해서는 통합 목록 안에 있는 항목을 수정하는 것이 적절하다고 하였다. 또한, 많은 학교에서는 영어가 모국어가 아닌 부모를 위하여 번역된 질문지가 필요할 수도 있다. 학교를 위해 제안된 또 다른 전략은, 가족의 관점을 탐색하기 위하여 부모와 함께 집단 모임을 정하는 것이고, 저자는 이러한 집단이 다음 3가지의 일반적인 질문을 고려함으로써 시작될 수 있다고 하였다.

- 학교에서는 자녀의 학습을 향상시키기 위해 무엇을 도울 수 있는가?
- 자녀가 학교에서 더 행복해지기 위해서 무엇이 이루어져야 하는가?
- 학교와 관련하여 가장 많이 변화되었으면 좋겠다고 생각하는 것은 무엇인가?

이러한 모임은 참여의 수준을 높이고 소위 접근하기 어려운 부모를 참여시키기 위하여 학교 외부에서, 그리고 다양한 시간대와 날짜에 이루어질 수 있다. 모임에 참석할 수 없었던 부모/보호자의 의견을 알아보기 위하여 모임 후에 부모/보호자 설문지를 전달

할 수도 있다.

통합 목록은 다양한 상황에 있는 다양한 학교에서 사용될 수 있도록 실제적인 자료를 제공해 준다. 그 자료에는 어떻게 시작해야 하는지와 같은 복잡한 과정을 극복할 수 있도록 하는 제안들이 포함되며, 지역사회 환경에 맞추기 위하여 학교가 접근법을 수정할 수 있도록 해 주는 유연성이 존재한다.

사회적 자본과 사회문화이론의 공헌

사회적 자본의 개념에 대한 연구자와 정책입안자의 관심은 이미 1장에서 소개되었고, 이 책의 다른 장에서도 언급되었다. 사회적 자본이라는 것은 세계관을 공유하는 사람들 사이에서 발달된 공식적 또는 비공식적 접촉의 네트워크로 넓게 정의할 수 있다. 영국 통계청은 사회적 자본이 중요하다고 하였는데, 그 이유는 높은 사회적 자본의 수준이 보건의 개선, 더 나은 고용결과, 낮은 범죄율, 증가된 교육성과 등과 연관되기 때문이라고 하였다(www. statistics.gov.uk). 사회적 자본은 교육과 관련해서 가족의 참여에 대해 연구하는 사람에게 특별한 관심을 받아 왔고, 따라서 이 책에서도 비교적 높은 중점을 두고 있다. Bourdieu(1986)는 문화적 자본이라고 명명한 사회적 자본의 형태가 가족들마다 상당히 다르다고 언급하였다. 이것은 개인이 어린 시절에 양육되는 동안 형성된 가치와 관점을 포함하는데, 이것이 이후 우리의 교육적 요구, 다른 사람에게 말하는 방식, 또는 우리의 목적이나 기대치에 반영될 수 있다. 문화적 자본의 다양한 수준은 부모가 교사나 학교 직원을 대할 때 그들의 자신감에 영향을 주는 경향이 있다. 빈약한 교육경험과 낮은 정규교육 수준을 가진 부모는 교육 결정과 관련된 질문을 하거나 학교 직원과 교육학이나 교육과정에 대해서 이야기할 때 쉽게 불이익에 처할 수 있다. 그들은 자녀의 학습에 기여하는 자신들의 능력에 대한 확신이 부족할 수 있고, 교육 참여에 다양한 어려움을 경험할 수 있다. 이로 인해 일부 부모는 학교와 협력할 때 위축되고, 결국 교사가 일부 부모를 다가가기 어렵다고 바라보게 되는 결과를 초래할 수 있다. 사회적 및 문화적 자본이론에서 접근하기 어려운 부모를 참여시키는 것을 프로그램의 목적으로 둘 때 여러 가지 핵심 질문이 생긴다.

- 학교는 가족의 사회적 및 문화적 자본을 어느 정도 인식하고 있는가? 어떤 가족은 교육과정에 직접적으로 반영되지 않을 수도 있는 다양한 지식과 기술을 가지고 있다. 이러한 능력에는 다양한 문화전통이나 관습에 관한 지식, 회계업무나 소매(retailing)에 관한 기술, 건축업 등이 포함될 수 있다. 이러한 '지식의 보고(funds of knowledge)' (Moll et al., 1992)는 Swap의 교육과정 강화모델에 기여할 수 있는데, 이 모델은 가족의 노하우와 전문지식으로 구성된다.
- 교사는 지역사회 내에 있는 부모와 다른 사회적 및 문화적 자본을 가지고 있는가? 교사와 부모의 교육 수준, 사회적 배경,

소득에서 현저한 차이가 있는 경우 교사는 부모의 생활방식
에 관련하기가 더욱 힘들 수 있으며, 이는 마치 부모가 교사
의 사회적 관점과 가치를 공유하는 것을 더 어려워할 수 있다
는 것과 같다. 학교는 아주 열악한 빈곤 지역에 위치하지만
교사는 그러한 학군에 살고 있지 않을 때 이러한 구분이 더
커지는 것 같다. 이러한 환경에서 학교와 지역사회 간의 가교
를 형성하는 학교의 다른 직원, 즉 보조교사의 역할이 있을
수 있는데, 그러한 직원이 인근에 거주하면서 가족과 밀접한
관계를 형성할 수 있다.

● 가족들이 의지하고 있는 사회적 자본에 학교가 어떻게 기여
할 수 있는가? 학교는 가족들이 발달시킨 사회적 관계의 질
과 범위를 향상시킬 수 있는 상당한 잠재력이 있다. 학교는
수년 동안 부모와 아동에게 안정성과 지속성을 제공하면서
대부분 가족의 삶에 '변함없는' 특성을 가지고 있다. 학교는
지역사회 내에서 유사한 관심이나 다양한 관심사를 공유하
는 다른 부모와 접촉할 수 있도록, 그리고 직접적이고 확실
한 혜택이 될 수 있는 직업이나 여가 관련 문화기술을 발달
시킬 수 있도록 하는 기회를 부모에게 제공할 수 있는데, 특
히 학교에 접근하기 어려워하는 가족에게도 마찬가지다. 어
떤 교사는 부모체조교실, 컴퓨터 워크숍, 영어교실을 제공
하는 확대된 학교(extended schools)를 반대할 수도 있다. 이
들은 이러한 혁신 프로그램이 사회사업적인 분야에 속하며
교사의 전문 자질을 벗어나는 것으로 인식한다. 그러나 이

러한 기회들이 제공하는 가치는 상당할 수 있다. 이것은 지
역사회와 학교에서 가족과의 관계를 향상시키고, 가족의 사
회적 자본을 신장시킬 수 있으며, 아동의 학습과 사회발달
에 직접적인 영향을 줄 수 있다.

　이 책은 학교가 부모와, 특히 접근하기 어렵다고 인식된 부모와
왜 관계를 맺어야 하는지에 대한 해답을 제시하기 위하여 노력하
였다. 사회적 자본이론에서는 우리가 형성한 관계가 우리의 삶을
더욱 풍성하게 그리고 보람 있게 만드는 상호 지지의 패턴을 제공
한다. 이 관계는 우리의 개인적인 관심과 지역사회의 관심을 촉진
시키는 데 도움이 된다. 이러한 연계가 가족의 관계망과 사회 관
계성의 발달에 기여할 수 있도록 하기 위한 학교의 핵심 과제는
부모의 배경과 문화적 차이에 상관없이 모든 부모에게 접근하는
것의 중요성을 인식하는 것이다.
　이 책에 제시된 가정-학교 협력의 많은 사례를 뒷받침해 주는
두 번째 이론은 사회문화이론이다. 이 이론은 아동의 사고와 학습
에 발판이 되면서, 학교와 가정 양쪽의 성인과 보다 많은 지식을
가지고 있는 사람의 역할에 대한 중요성을 강조한다. 이 책에 제
시된 프로젝트들은 부모와 교사 간에 효과적이고 융통성 있는 협
력관계가 있을 때, 아동과 청소년의 발달과 학습이 향상될 것이
라는 아동발달의 주요한 관점을 반영해 준다. Barbara Rogoff의
연구와 저서는 사회문화이론에 대한 우리의 이해를 확대시켰다.
그녀는 '안내된 참여(guided participation)'의 과정을 통해서 자

녀가 가치와 기술, 문화를 획득하도록 돕고, 새로운 역할과 책임
감을 가지는 것을 배우도록 도울 수 있다고 하였다(Rogoff, 2003).
그녀는 아동이 안내된 참여를 통해 배운 것을 사회에서 바람직한
것으로 바라보든 아니든, 이 일반적인 과정에서 부모에 의해 행
해진 역할은 전 세계의 사회 전반에 걸쳐 유사하다고 주장한다.
예를 들면, Rogoff는 과테말라의 마야 원주민 소녀들이 어떻게
조심스럽게 단계화된 참여의 과정을 통해서 콘밀팬케이크(또띠
아)를 만드는지를 설명하였다. 처음에 이 소녀들은 어머니를 지
켜보았다. 그러고 나서 그들에게 조그만 반죽을 받았다. 어머니
는 반죽을 누르고 고르게 하는 것을 도와주었다. 이후에 어머니
는 소녀들을 돕기 위해 언어적 촉구와 시연을 제공하였다. Rogoff
는 서구의 사례에서 중산층 부모가 어린 자녀에게 그림을 보여
줄 때 사용하는 전략을 언급하였다. 제공된 지원의 형태는, 예를
들면, 촉구를 사용하고 질문을 하는 방식으로, 아동의 발달 단계
와 이해 수준에 적합하도록 수정하였으며, 이는 과테말라의 마야
어머니가 딸이 또띠아를 만드는 방법을 배울 수 있도록 돕는 것
과 같은 방식으로 사용된 것이다(Rogoff, 2003). Rogoff와 같은
학자들이 제공하는 이야기는 자녀의 학습을 지원할 때 부모가 사
용하는 인내와 성실함과 풍성한 기술의 사례를 보여 준다.

결 론

2006년과 2007년에 영국 교육표준청에서는 영국 초·중등학교
에서 부모와 보호자를 어떻게 참여시키고 있는지에 대한 조사연구
를 실시하였다. 『부모, 보호자, 학교(*Parents, Carers and Schools*)』
라는 제목의 보고서에서 가장 효과적이라고 언급된 학교는 부모와
관계를 맺을 때 '다양성, 융통성, 결정력'을 보여 주는 것으로 나타
났다. "이 학교는 혁신적인 프로그램의 영향을 평가하면서 부모가
어떻게 기여할 수 있는지를 정확하게 알아냈으며, 그리고 만약 프
로그램이 효과가 없었다면 효과가 있을 때까지 적용 방식을 변화시
켰다."(Office for Standards in Education, 2007, p. 4) 영국 정부의 최
근 정책 제안 보고서인 『분석과 증거 전략(*Analysis and Evidence
Strategy*)』(Department for Children, Schools and Families, 2008)에서
환영할 만한 성명을 발표하였는데, 이는 접근하기 어려울 수 있는 부
모를 아동 센터나 확대된 학교(extended schools), 그 밖의 다양한 서
비스를 통해서 어떻게 참여시킬 것인지에 대한 연구의 필요성에 관
한 것이었다. 부모와 건설적인 쌍방 관계를 발달시키는 학교의 역
할에 대한 중요성이 인식되어 왔음은 분명하다. 또한 이 메시지는
자격 및 교육과정국(Qualifications and Curriculum Authority, 2008)의
'부모와의 파트너십(Partnership with Parents)' (www.qca.org.uk)과
같은 부모 관련 정부 웹 사이트에도 나타나는데, 이 웹 사이트에서
는 부모와 학교 간의 효과적인 연계를 보장하는 것에 대해 반기는

문화가 필요함을 강조한다. 모든 부모가 자녀의 교육에 긍정적인 역할을 한다는 것을 느끼도록 하고, 부모 자신의 언어, 문화, 종교적 배경이 소중하다는 것을 보여 줌으로써, 이러한 협력적 분위기가 증가될 수 있음을 강조한다.

자녀의 학습을 지원하기 위해 부모가 제공하는 핵심적인 역할에 대한 정부의 인식에도, 일부 부모는 학교와 가까워지는 것에 대해서 자신 없어 한다는 것까지 염두에 두는 것이 중요하다. Allen(2007)의 저서 『환영하는 학교 조성하기(*Creating Welcoming Schools*)』에서는 교사와 부모 간의 대화를 위해 통찰력 있는 지침들을 제시해 준다.

- 선생님과 이야기 나누게 되어 참 좋습니다. 선생님에 관해서 더 많이 알게 되어 기쁩니다. 그리고 저에 관해서도 기꺼이 더 많이 알려 드릴게요.
- 저에게 '판단' 하는 질문은 하지 말아 주세요. 우리 아이에게 책을 얼마나 많이 읽어 주는지 혹은 도서관에 '정기적으로' 데려다 주는지, 우리 아이가 몇 시에 잠을 자는지 등과 같은 질문들 말이에요. 저도 선생님이 무엇을 듣고 싶어 하는지 알아요. 아마도 저는 거짓말을 하거나 대답을 하지 않게 될 거예요. 물론 어떤 것은 대화 중에도 나올 수 있지만, 선생님도 아이에게 텔레비전을 보지 않도록 하는 것은 어려우시죠? 함께 이야기해요.
- 선생님과 제가 우리 아이의 최대 관심사를 함께 생각하고 있

다고 느낄 때, 저는 아이에 대해 이야기하는 것을 좋아해요. 만약 선생님이 우리 아이가 게으르고, 할 수 있는 일이 없으며, 너무 시끄럽고, 너무 조용하다는 단순한 어떤 꼬리표로 말씀하신다면 저는 입을 다물 거예요. 선생님이 우리 아이에 관해 이야기를 해 주신다면 저는 신중하게 경청할 거고요. 아마도 그러한 이야기를 어떻게 해석해야 할지에 관해서도 같이 대화할 수가 있을 거예요.

● 저는 선생님과 함께 문제를 해결할 거예요. 이 아이는 제 아이고, 저에게 이 아이보다 더 소중한 것은 없어요. 우리는 여러 의견들을 낼 수 있고, 장점과 단점을 토론할 수 있으며, 우리가 각자 선생님, 부모, 아이 입장에서 책임져야 하는 계획을 세울 수 있어요. 만약 선생님께서 '해결책'을 가지고 오셔서 저에게 어떤 것에 사인만 하라고 하신다면 저는 아마도 하지 않을 거예요.

이전 장들에서 제시된 사례에서 주목할 만한 것은, 가장 가망 없어 보이는 환경에서조차도 부모는 지원을 제공할 수 있다는 것이다. 부모가 학교 참여에서 장벽에 부딪힐 때, 혹은 부모가 빈곤 지역에 거주하거나, 혹은 그들 자신이 빈약한 교육의 질을 경험했을 때에도 여전히 자녀의 학습을 지원한 부모의 고무적인 사례가 존재하며, 그러한 가족에게 접근한 교사와 그리고 보다 다가가기 쉬운 학교를 만드는 데 성공한 경험이 있는 교사의 적극적인 지원들이 있어 왔다.

참고문헌

Allen, J. (2007). *Creating Welcoming Schools: A Practical Guide to Home-School Partnerships with Diverse Families*, Teachers College Press, New York.

Audit Commission (2002). *Special Educational Needs: A Mainstream Issue*, Audit Commission, London.

Avramidis, E., & Norwich, B. (2003). Promoting inclusive education: a review of literature on teachers' attitudes towards integration and inclusion, in *Learning to Read Critically in Teaching and Learning* (eds L. Poulson & M. Wallace), Sage, London, pp. 201-222.

Ball, S. J. (2003). *Class Strategies and the Educational Market: The Middle-Classes and Social Advantage*, RoutledgeFalmer, London.

Bandura, A. (1997). *Self-Efficacy: The Exercise of Control*, Freeman, New York.

Barton, A., Drake, C., Perez, J., St-Louis, K., & George, M. (2004). Ecologies of parental engagement in urban education. *Educational Researcher, 33*(4), 3-12.

Bastiani, J., & White, S. (2003). *Involving Parents, Raising Achievement*, Department for Education and Skills, London.

Bateson, B. (2000). INSPIRE, in *The Contribution of Parents to School Effectiveness* (eds S. Wolfendale & J. Bastiani), David Fulton,

London, pp. 52-68.

Besag, F. M. C. (2002). Childhood epilepsy in relation to mental handicap and behavioural disorders. *Journal of Child Psychology and Psychiatry, 43*(1), 103-131.

Beveridge, S. (2005). *Children, Families and Schools: Developing Partnerships for Inclusive Education*, RoutledgeFalmer, London.

Bhopal, K. (2004). Gypsy travellers and education: changing needs and changing perceptions. *British Journal of Educational Studies, 52*(1), 47-64.

Bhopal, K., & Myers, M. (2008). *Insiders, Outsiders and Others: Gypsies and Identity*, University of Hertfordshire Press, Hertfordshire.

Blank, M. J. (2003). Educational reform: the community school approach, in *Promising Practices to Connect Schools with the Community* (ed. D. B. Hiatt-Michael), Information Age, Greenwich, CT, pp. 9-33.

Boethel, M. (2003). *Diversity: School, Family and Community Connections*, National Center for Family and Community Connections with Schools, Austin, TX.

Booth, T., & Ainscow, M. (2002). *The Index for Inclusion: Developing Learning and Participation in Schools*, The Centre for Studies on Inclusive Education, Bristol.

Booth, T., & Black-Hawkins, K. (2005). *Developing Learning and Participation in Countries of the South: The Role of an Index for Inclusion*, UNESCO, Paris, www.csie.org.uk(accessed 27 February 2009).

Bourdieu, P. (1986). The forms of capital, in *Handbook of Theory and Research for the Sociology of Education* (ed. J. Richardson), Greenwood Press, New York, pp. 241-258.

Broadhurst, K., Paton, H., & May-Chahal, C. (2005). Children missing from school systems: exploring divergent patterns of disengagement in the narrative accounts of parents, carers, children and young people. *British Journal of Sociology of Education, 26*(1), 105-119.

Buchanan, A., Bennett, F., Ritchie, C., Smith, T., Smith, G., Harker, L., & Vitali-Ebers, S. (2004). *The Impact of Government Policy on Social Exclusion among Children aged 0-13 and Their Families*, Social Exclusion Unit, London.

Cabinet Office (2006). *Reaching Out: An Action Plan on Social Exclusion*, Cabinet Office, London.

Caddell, D., Crowther, J., O' Hara, P., & Tett, L. (2000). Investigating the roles of parents and schools in children's early years education. Paper presented at the *European Conference on Educational Research*, Edinburgh.

Cairney, T. (2003). Literacy within family life, in *Handbook of Early Childhood Literacy* (eds N. Hall, J. Larson, & J. Marsh), Sage, London, pp. 85-98.

Carpenter, V., & Lall, M. (2005). *Review of Successful Parental Involvement Practice for 'Hard to Reach' Parents*, The London Institute of Education, London.

Carr, M. (2001). *Assessment in Early Childhood Settings: Learning Stories*, Paul Chapman, London.

Carvalho, M. (2001). *Rethinking Family-School Relations: A Critique of Parental Involvement*, Lawrence Erlbaum Associates, Mahwah, NJ.

Charman, T., & Baird, G. (2002). Practitioner review: diagnosis of autism spectrum disorder in 2-and 3-year old children. *Journal of Child Psychology and Psychiatry, 43*(3), 289-305.

Coffield, F., Robinson, P., & Sarsby, J. (1980). *A Cycle of Deprivation?*

A Case Study of Four Families, Heinemann Educational Books, London.

Comer, J. (1980). *School Power*, Free Press, New York.

Crozier, G. (2000). *Parents and Schools: Partners or Protagonists?* Trentham Books, Stoke on Trent.

Crozier, G. (2001). Excluded parents: the deracialisation of parental involvement. *Race, Ethnicity and Education*, 4(4), 329–341.

Crozier, G. (2004). *End of Award Report, Parents, Children and the School Experience: Asian Families' Perspectives*, www.sunderland.ac.uk (accessed 4 September 2008).

Crozier, G., & Reay, D. (eds.) (2005). *Activating Participation: Parents and Teachers Working Together towards Partnership*, Trentham Books, Stoke on Trent.

Cummins, J. (1986). Empowering minority students: a framework for intervention. *Harvard Educational Review*, 56(1), 18–36.

Cummins, J. (2001). Empowering minority students: a framework for intervention. Author's introduction: framing the universe of discourse: Are the constructs of power and identity relevant to school failure? *Harvard Educational Review*, 71(4), 649–655.

Cunningham, C., & Davis, H. (1985). *Working with Parents: Frameworks for Collaboration*, Open University Press, Milton Keynes.

D'Addio, C. (2007). *Intergenerational Transmission of Disadvantage: Mobility or Immobility across Generations? A Review of the Evidence for OECD Countries*, OECD, Paris.

Department for Children, Schools and Families (2008). *Draft Analysis and Evidence Policy*, Department for Children, Schools and Families, London.

Department for Education and Science (DES) (1967). *The Plowden Report: Children and their Primary Schools – A Report of the Central Advisory Council for Education (England)*, Her Majesty's Stationery Office, London.

Department for Education and Skills (2001). *The Special Educational Needs Code of Practice*, DES Publications, Nottingham.

Department for Education and Skills (2003a). *A Better Education for Children in Care.* Social Exclusion Unit Report, Office of the Deputy Prime Minister, London.

Department for Education and Skills (2003b). *Aiming High: Raising the Achievement of Gypsy Traveller Pupils. A Guide to Good Practice*, DES Publications, London.

Department for Education and Skills (2003c). *Every Child Matters*, DES Publications, London.

Department for Education and Skills (2003d). *Every Child Matters: Change for Children in Schools*, DES Publications, Nottingham.

Department for Education and Skills (2004a). *Aiming High: Guidance on Supporting the Education of Asylum Seeking and Refugee Children*, DES Publications, Nottingham.

Department for Education and Skills (2004b). *Engaging Fathers: Involving Parents, Raising Achievement*, DES Publications, Nottingham.

Department for Education and Skills (2004c). *Every Child Matters: Change for Children*, Stationery Office, London.

Department for Education and Skills (2004d). *Every Child Matters: Change for Children in Schools*, DES Publications, Nottingham.

Department for Education and Skills (2004e). *Removing Barriers to Achievement*, DES Publications, Nottingham.

Department for Education and Skills (2005a). *Aiming High: Partnerships between Schools and Traveller Education Support Services in Raising the Achievement of Gypsy Traveller Pupils*, DES Publications, Nottingham.

Department for Education and Skills (2005b). *Support for Parents: Best Start for Children*, The Stationery Office, London.

Department for Education and Skills (2006). *Care Matters: Transforming the Lives of Children and Young People in Care*, DES Publications, Nottingham.

Department for Education and Skills (2007a). *Care Matters: Time for Change (White Paper)*, The Stationery Office, London.

Department for Education and Skills (2007b). *Extended Schools: Building on Experience*, DES Publications, Nottingham.

Department for Children, Schools and Families (2008). *Care Matters: Time to Deliver for Children in Care*, Department for Children, Schools and Families Publications, Nottingham.

Derrington, C., & Kendall, S. (2004). *Gypsy Traveller Students in Secondary Schools: Culture, Identity and Achievement*, Trentham Books, Stoke on Trent.

Desforges, C., & Abouchaar, A. (2003). *The Impact of Parental Involvement, Parental Support and Family Education on Pupil Achievement and Adjustment: A Literature Review*, Department for Education and Skills, Nottingham.

Desimone, L., Finn-Stevenson, M., & Henrich, C. (2000). Whole school reform in a low-income African American community: the effects of the CoZi Model on teachers, parents, and students. *Urban Education, 35*(3), 269-323.

Doherty, P., Stott, A., & Kinder, K. (2004). *Delivering Services to Hard to Reach Families in On Track Areas: Definition, Consultation and Needs Assessment*, Home Office, London.

Dyson, A., & Robson, E. (1999). *School, Family, Community: Mapping School Inclusion in the UK*, Youth Work Press, Leicester.

Dyson, L. (1993). Response to the presence of a child with disabilities.

American Journal of Mental Retardation, 98(2), 207–218.

Edwards, A., & Warin, J. (1999). Parental involvement in raising the achievement of primary school pupils: why bother? *Oxford Review of Education, 25*(3), 325–341.

Edwards, C. P. (2003). 'Fine designs' from Italy: Montessori education and the Reggio approach. *Montessori Life, 15*(1), 33–38.

Epstein, J. (2001). *School, Family and Community Partnerships: Preparing Educators and Improving Schools,* Westview Press, Oxford.

Erwin, E., & Soodak, L. (2008). The evolving relationship between families of children with disabilities and professionals, in *Education for All: Critical Issues in the Education of Children and Youth with Disabilities* (eds T. Jiménez & V. Graf), Jossey–Bass, San Francisco, CA, pp. 35–70.

Feiler, A. (2005). Linking home and school literacy in an inner city reception class. *Journal of Early Childhood Literacy, 5*(2), 131–149.

Feiler, A., Andrews, J., Greenhough, P., Hughes, M., Johnson, D., Scanlan, M., & Ching Yee, W. (2007). *Improving Primary Literacy: Linking Home and School,* RoutledgeFalmer, Abingdon.

Feiler, A., Andrews, J., Greenhough, P., Hughes, M., Johnson, D., Scanlan, M., & Yee, W. (2008). The home school knowledge exchange project: linking home and school to improve children's literacy. *Support for Learning, 23*(1), 12–18.

Feiler, A., Greenhough, P., Winter, J., Salway, L., & Scanlan, M. (2006). Getting engaged: possibilities and problems for home school knowledge exchange. *Educational Review, 58*(4), 451–469.

Feiler, A., & Logan, E. (2007). The literacy early action project

(LEAP): exploring factors underpinning a child' s progress with literacy during his first year at school. *The British Journal of Special Education, 34*(3), 162-169.

Frederickson, N., & Cline, T. (2002). *Special Educational Needs, Inclusion and Diversity: A Textbook*, Open University Press, Buckingham.

Gillborn, D., & Mirza, H. (2000). *Educational Inequality: Mapping Race, Class and Gender - A Synthesis of Research Evidence*, Office for Standards in Education, London.

Glass, N. (1999). Sure Start: The development of an early intervention programme for young children in the United Kingdom. *Children and Society, 13*(4), 257-264.

Gregory, E., & Williams, A. (2004). Living literacies in homes and communities, in *The RoutledgeFalmer Reader in Language and Literacy* (ed. T. Grainger), RoutledgeFalmer, London, pp. 33-51.

Harker, R. (2004). More than the sum of its parts? Inter-professional working in the education of looked after children. *Children and Society, 18*(3), 179-193.

Harris, A., & Goodall, J. (2007). *Engaging Parents in Raising Achievement: Do Parents Know They Matter?* University of Warwick, Warwick.

Hart, J. T. (1971). The inverse care law. *Lancet, i*, 405-12.

Hately-Broad, B. (2004). Problems and good practice in post-compulsory educational provision for travellers: the Wakefield Kushti project. *Intercultural Education, 15*(3), 267-281.

Her Majesty' s Stationery Office (1978). *The Report of the Committee of Enquiry into the Education of Handicapped Children and Young People (the Warnock Report)*, Her Majesty' s Stationery Office, London.

Hiatt-Michael, D. (2003). The emerging community school concept in the USA, in *School, Family, and Community Partnership in a World of Differences and Changes* (eds S. Castelli, M. Mendel, & B. Ravn), Wydawnictwo Uniwersytetu Gdanskiego, Gdansk, pp. 24-50.

Hill, N., & Taylor, L. (2004). Parental school involvement and children's academic achievement. *Current Directions in Psychological Science, 13*(4), 161-164.

HM Treasury (2005). *Child Poverty: Fair Funding for Schools - A Review of the Ways in which Local Authorities Fund Schools to Meet the Costs Arising from Social Deprivation amongst Their Pupils*, Department for Children, Schools and Families, London.

Hoover-Dempsey, K., & Sandler, H. (1997). Why do parents become involved in their children's education? *Review of Educational Research, 67*(1), 3-42.

House of Commons Education and Skills Committee (2006). *Special Educational Needs*, The Stationery Office Limited, London.

Hughes, M., & Greenhough, P. (2003). How can homework help learning? *Topic, 29*(9), 1-5.

Hughes, M., & Pollard, A. (2006). Home-school knowledge exchange in context. *Educational Review, 58*(4), 385-396.

Humphris, K. (2004). *It's More Than Just a Cup of Coffee: A Collaborative Enquiry-Project Report* (unpublished). University of Dundee, Dundee, http://services.bgfl.org/services (accessed 9 September 2008).

Illsley, P., & Redford, M. (2005). 'Drop in for coffee' : working with parents in North Perth New Community Schools. *Support for Learning, 20*(4), 162-166.

Jacklin, A., Robinson, C., & Torrance, H. (2006). When lack of data is data: do we really know who our looked-after children are? *European Journal of Special Needs Education, 21*(1), 1-20.

Jackson, K., & Remillard, J. (2005). Rethinking parent involvement: African American mothers construct their roles in Mathematics Education of their children. *School Community Journal, 15*(1), 51-73.

Jordan, E. (2001). Exclusion of travellers in state schools. *Educational Research, 43*(2), 117-132.

Karayiannis, C. (2006). Integrating and partnering services in schools - an emerging model in Northern Ireland. *Support for Learning, 21*(2), 64-69.

Lantoff, J. (2000). Introducing sociocultural theory, in *Sociocultural Theory and Second Language Learning* (ed. J. Lantoff), Oxford University Press, Oxford, pp. 1-26.

Lareau, A. (2000). *Home Advantage: Social Class and Parental Intervention in Elementary School*, Rowman and Littlefield, Oxford.

Lave, J., & Wenger, E. (1991). *Situated Learning: Legitimate Peripheral Participation*, Cambridge University Press, Cambridge.

Leask, J. (2001). Sam's invisible extra gear - a parent's view, in *Experiencing Reggio Emilia: Implications for Pre-School Provision* (eds L. Abbott & C. Nutbrown), Open University Press, Maidenhead, pp. 43-47.

LeBlanc, M. (2008). *Reggio Emilia: An Innovative Approach to Early Childhood Education*, www.communityplaythings.co.uk (accessed 30 May 2008).

Lloyd, G., & Stead, J. (2001). 'The boys and girls not calling me names and the teachers to believe me' : name calling and the experiences of travellers in school. *Children and Society, 15*(5), 361-374.

Lochrie, M. (2004). *Family Learning: Building All Our Futures*, National Institute of Adult Continuing Education, Leicester.

Mallett, R. (1997). A parental perspective on partnership, in *Working with Parents of SEN Children after the Code of Practice* (ed. S. Wolfendale), David Fulton, London, pp. 27–40.

Marsh, J., & Millard, E. (2000). *Literacy and Popular Culture: Using Children's Culture in the Classroom*, Paul Chapman, London.

Mattingly, D., Prislin, R., McKenzie, T., Rodriguez, J., & Kayzar, B. (2002). Evaluating evaluations: the case of parental involvement programs. *Review of Educational Research, 72*(4), 549–576.

McBrien, J. (2005). Educational needs and barriers for refugee students in the United States: a review of the literature. *Review of Educational Research, 75*(3), 329–364.

McCollum, J. (2002). Influencing the development of young children with disabilities: current themes in early intervention. *Child and Adolescent Mental Health, 7*(1), 4–9.

McGrath, N. (2007). Engaging the hardest to reach parents in parentingskills programmes, in *How to Reach 'Hard to Reach' Children: Improving Access, Participation and Outcomes* (eds K. Pomerantz, M. Hughes, & D. Thompson), John Wiley & Sons, Ltd, Chichester, pp. 184–205.

McNaughton, S. (2001). Co-constructing expertise: the development of parents' and teachers' ideas about literacy practices and the transition to school. *Journal of Early Childhood Literacy, 1*(1), 40–58.

Midwinter, E. (1977). The professional–lay relationship: a Victorian legacy. *Journal of Child Psychology and Psychiatry, 18*(2), 101–113.

Milbourne, L. (2002). Unspoken exclusion: experience of continued marginalisation from education among 'hard to reach' groups of adults and children in the UK. *British Journal of Sociology of Education, 23*(2), 287–305.

Mittler, P. (2000). *Working towards Inclusive Education: Social Contexts*, David Fulton, London.

Moll, L., Amanti, C., Neff, D., & Gonzalez, N. (1992). Funds of knowledge for teaching: using a qualitative approach to connect homes and classrooms. *Theory Into Practice, 31*(2), 132–141.

Mongon, D., & Chapman, C. (2008). *Successful Leadership for Promoting the Achievement of White Working Class Pupils*, Nottingham: National College for School Leadership.

Moon, N., & Ivins, C. (2004). *Parental Involvement in Children's Education*, Department for Education and Skills, London.

Muijs, D., Harris, A., Chapman, C., Stoll, L., & Russ, J. (2004). Improving schools in socioeconomically disadvantaged areas: a review of research evidence. *School Effectiveness and School Improvement, 15*(2), 149–175.

National Assembly for Wales (2000). *Children and Young People: A Framework for Partnership*, National Assembly for Wales, Cardiff.

National Assembly for Wales (2001). *The Learning Country*, National Assembly for Wales, Cardiff.

National Literacy Trust (2001). *Parental Involvement and Literacy Achievement: The Research Evidence and the Way Forward*, National Literacy Trust, London.

National Literacy Trust (2005). *'Every Which Way We Can': A Literacy and Social Inclusion Position Paper*, National Literacy Trust, London.

New, R. (2007). Reggio Emilia as cultural activity theory in practice. *Theory Into Practice, 46*(1), 5–13.

Nutbrown, C., Hannon, P., & Morgan, A. (2005). *Early Literacy Work with Families: Policy, Practice and Research*, Sage, London.

O' Connor, B. (2003). *A Political History of the American Welfare System: When Ideas Have Consequences*, Rowman and Littlefield, Lanham, MD.

Office for Standards in Education (2003). *The Education of Asylum-Seeker Pupils*, Office for Standards in Education, London.

Office for Standards in Education (2004). *Reading for Purpose and Pleasure*, Office for Standards in Education, London.

Office for Standards in Education (2005). *The National Literacy and Numeracy Strategies and the Primary Curriculum*, Office for Standards in Education, London.

Office for Standards in Education (2007). *Parents, Carers and Schools*, Office for Standards in Education, London.

Palmer, G., Macinnes, T., & Kenway, P. (2006). *Monitoring Poverty and Social Exclusion*, Joseph Rowntree Foundation, York.

Performance Indicators in Primary Schools (PIPS Project) (2002). *On-Entry Baseline Assessment 2003 and On-Entry Baseline Assessment: Follow-up*, CEM Centre, University of Durham.

Peters, M., Seeds, K., Goldstein, A., & Coleman, N. (2008). *Parental Involvement in Children's Education*, Department for Children, Schools and Families, London.

Phillips, S. (2001). Special needs or special rights? in *Experiencing Reggio Emilia: Implications for Preschool Provision* (eds L. Abbott & C. Nutbrown), Open University Press, Buckingham, pp. 48-61.

Pomerantz, K., Hughes, M., & Thompson, D. (2007). *How to Reach Hard to Reach Children: Improving Access, Participation and Outcomes*, Wiley-Blackwell, Chichester.

Potter, C., & Whittaker, C. (2001). *Enabling Communication in Children with Autism,* Jessica Kingsley, London.

Power, S., & Clark, A. (2000). The right to know: parents, school reports and parents' evenings. *Research Papers in Education, 15*(1), 25-48.

Putnam, R. (2000). *Bowling Alone: The Collapse and Revival of American Community*, Simon and Schuster, New York.

Qualifications and Curriculum Development Authority (2008). *Qualifications and Curriculum Authority - Partnership with Parents*, www.qca.org.uk (accessed 8 July 2008).

Reakes, A., & Powell, R. (2004). *The Education of Asylum Seekers in Wales*, The National Foundation for Educational Research, Slough, Berkshire.

Reay, D. (2005). Mothers' involvement in their children's schooling: social reproduction in action? In *Activating Participation: Parents and Teachers Working Together towards Partnership* (eds G. Crozier & D. Reay), Trentham Books, Stoke on Trent, pp. 23-37.

Reay, D., & Mirza, H. (2005). Doing parental involvement differently: black women's participation as educators and mothers in black supplementary schooling, in *Activating Participation: Parents and Teachers Working Together towards Partnership* (eds G. Crozier & D. Reay) Trentham Books, Stoke on Trent, pp. 137-154.

Roffey, S., Noble, T., & Stringer, P. (2008). Editorial. *Educational and Child Psychology, 25*(2), 4-7.

Rogoff, B. (1991). The joint socialization of development by young children, in *Child Development in Social Context 2: Learning to Think* (eds P. Light, S. Sheldon, & M. Woodhead), Routledge, London, pp. 67-96.

Rogoff, B. (2003). *The Cultural Nature of Human Development*, Oxford University Press, Oxford.

Roskos, K., & Chistie, J. (2001). Examining the play-literacy interface: a critical review and future directions. *Journal of Early Childhood Literacy, 1*(1), 59-89.

Russell, K., & Granville, S. (2005). *Parents' Views on Improving Parental Involvement in Children's Education*, Scottish Executive, Edinburgh.

Saloviita, T., Italinna, M., & Leinonen, E. (2003). Explaining the parental stress of fathers and mothers caring for a child with intellectual disability: a double ABCX model. *Journal of Intellectual Disability Research, 47*(4-5), 300-312.

Schmidt Neven, R. (2008). The promotion of emotional well-being for children, parents and families: what gets in the way? *Educational and Child Psychology, 25*(2), 8-18.

Scott, W. (2001). Listening and learning, in *Experiencing Reggio Emilia: Implications for Pre-School Provision* (eds L. Abbott & C. Nutbrown), Open University Press, Maidenhead, pp. 21-29.

Scottish Executive (2007). *Reaching Out to Families*, Scottish Executive, Edinburgh.

Scottish Office (1998). *New Community Schools Prospectus*, www.scotland.gov.uk (accessed 3 March 2009).

Sheldon, B., & Voorhis, F. (2004). Partnership programs in U. S. schools: their development and relationship to family involvement outcomes. *School Effectiveness and School Improvement, 15*(2), 125-148.

Swap, S. (1993). *Developing Home-School Partnerships: From Concepts to Practice*, Teachers College Press, New York.

Sylva, K., Melhuish, E., Sammons, P., Siraj-Blatchford, I., Taggart,

B., & Elliot, K. (2004). *The Effective Provision of Pre-School Education Project (EPPE): Findings from the Pre-School Period*, Institute of Education, London.

Tett, L. (2005). Inter-agency partnerships and integrated community schools: a Scottish perspective. *Support for Learning, 20*(4), 156-161.

Thomas, G., & Loxley, A. (2001). *Deconstructing Special Education and Constructing Inclusion*, 2nd edn, Open University Press, Milton Keynes.

Thornton, L., & Brunton, P. (2005). *Understanding the Reggio Approach*, David Fulton, London.

Tikly, L., Haynes, J., Caballero, C., Hill, J., & Gilborn, D. (2006). *Evaluation of Aiming High: African Caribbean Achievement Project*, Department for Education and Skills Publications, Nottingham.

Vincent, C. (1996). *Parents and Teachers: Power and Participation*, Falmer Press, London.

Vincent, C. (2001). Social class and parental agency. *Journal of Education Policy, 16*(4), 347-364.

Wallander, J., & Varni, J. (1998). Effects of pediatric chronic physical disorder on child and family adjustment. *Journal of Child Psychology and Psychiatry, 39*(1), 29-46.

Waller, W. (1932). *The Sociology of Teaching*, John Wiley & Sons, Inc, New York.

Webster, A., Feiler, A., Webster, V., & Lovell, C. (2004). Parental perspectives on early intensive intervention for children diagnosed with autistic spectrum disorder. *Journal of Early Childhood Research, 2*(1), 25-49.

Welsh Assembly (2004). *Children and Young People: Rights to Action*, National Assembly for Wales, Cardiff.

Welshman, J. (2006a). *Underclass: A History of the Excluded 1880–2000*, Hambledon Continuum, London.

Welshman, J. (2006b). From the cycle of deprivation to social exclusion: five continuities. *The Political Quarterly,* 77(4), 475–484.

Welshman, J. (in press) From Head Start to Sure Start: reflections on policy transfer. *Children and Society*.

Whalley, M. (2001). *Involving Parents in Their Children's Learning*, Sage, London.

Wilkin, A., Kinder, K., White, R., Atkinson, M., & Doherty, P. (2003). *Towards the Development of Extended Schools*, Department for Education and Skills, London.

Williams, B., Williams, J., & Ullman, A. (2002). *Parental Involvement in Education*, Department for Education and Skills, London.

Williamson, D., Cullen, J., & Lepper, C. (2006). Checklists to narratives in special education. *Australian Journal of Early Childhood,* 31(2), 20–29.

Wrigley, J. (2000). Foreword, in *Home Advantage: Social Class and Parental Intervention in Elementary Education* (ed. Lareau, A), Rowman and Littlefield, Lanham, pp. vii–xvi.

Zigler, E. (1989). Addressing the nation's child care crisis: the school of the twenty-first century. *American Journal of Orthopsychiatry, 59*, 484–491.

찾아보기

《인 명》

《내 용》

저자 소개

Anthony Feiler

영국 브리스틀 대학교(University of Bristol) 교육대학원에 재직하고 있다. 대학으로 오기 전, 그는 런던의 남동부 지역에서 초등학교 교사로 근무하였고, 맨체스터(Manchester), 완즈워스(Wandsworth), 이즐링턴(Islington)에서 교육심리학자로 일하였다. 유니버시티 칼리지 런던(University College London)에서는 교육심리학자를 위한 전문연수과정의 강사를 역임하였다. 그는 현재 브리스틀 대학교에서 특수교육 및 통합교육을 강의하고 있으며, 주요 연구 분야는 교사-부모 협력과 장애아동을 위한 지원 전략이다. DCSF, 영국 아카데미(British Academy), 에스메 페어바인 재단(Esmée Fairbairn Foundation)의 지원을 받아 이 분야에 대한 연구를 수행하고 있다. 그리고 현재 정부지원 프로젝트인 The 14-19 Reforms: The Centre Research Study-The Impact upon Schools and Colleges의 연구도 수행하고 있다.

역자 소개

이미숙

공주대학교 사범대학 특수교육과 교수로 재직하고 있다. 미국 오클라호마 대학교(University of Oklahoma)에서 특수교육학으로 박사학위(Ph. D.)를 취득하였다. 주로 장애아 가족지원에 관한 연구를 수행하고 있으며, 특히 장애아의 부모뿐만 아니라 형제자매와 조부모의 참여 및 지원, 그리고 다문화 장애아 가족에 대해 관심을 가지고, 가족참여를 통한 교사와 가족의 협력에 대해 연구하고 있다. 가족지원에 관한 대표적인 저서로는 『장애영유아 가족지원』(공저, 학지사, 2011)이 있고, 역서로는 『장애아 가족지원』(공역, 학지사, 2013), 『감각처리장애를 가진 자녀 양육법』(시그마프레스, 2013)이 있다.

저소득, 다문화, 장애 가족을 중심으로 한

부모참여와 교육
- 부모참여를 통한 교사와 부모의 협력 -

Engaging 'Hard to Reach' Parents:
Teacher-Parent Collaboration to Promote Children's Learning

2014년 3월 20일 1판 1쇄 인쇄
2014년 3월 25일 1판 1쇄 발행

지은이 • Anthony Feiler
옮긴이 • 이미숙
펴낸이 • 김진환
펴낸곳 • (주) **학지사**

      121-838 서울특별시 마포구 양화로 15길 20 마인드월드빌딩
대표전화 • 02)330-5114   팩스 • 02)324-2345
등록번호 • 제313-2006-000265호

홈페이지 • http://www.hakjisa.co.kr
커뮤니티 • http://cafe.naver.com/hakjisa

ISBN 978-89-997-0364-5 93370

정가 13,000원

인터넷 학술논문 원문 서비스 **뉴논문** www.newnonmun.com

이 도서의 국립중앙도서관 출판시도서목록(CIP)은 서지정보유통지
원시스템 홈페이지(http://seoji.nl.go.kr)와 국가자료공동목록시스템
(http://www.nl.go.kr/kolisnet)에서 이용하실 수 있습니다.
(CIP제어번호: CIP2014007903)